Paul Yonggi Cho
GEDANKEN ZUM BUCH DANIEL

Paul Yonggi Cho

Gedanken zum Buch Daniel

ONE WAY VERLAG WUPPERTAL

Die Deutsche Bibliothek — CIP-Einheitsaufnahme
Cho, Yonggi: Gedanken zum Buch Daniel / Paul Yonggi Cho.
[Übers. aus dem Amerikan. von W. Neumeister].
Wuppertal: One-Way-Verl., 1992
(Reihe: geistlich-theologische Texte; 9003)
Einheitssacht.: Daniel ›dt.‹
ISBN 3-927772-13-5

Titel der Originalausgabe: Daniel
Insight on the Life and Dreams of the Prophet from Babylon

© 1990 by Paul Yonggi Cho
All rights reserved
Published 1990 by Creation House
Strang Communications Company, Lake Mary, Florida

© 1992 der deutschsprachigen Ausgabe:
One Way Verlag GmbH, Wuppertal

Übersetzt aus dem Amerikanischen von Wolfgang Neumeister
Umschlagentwurf: Brigitte Neumeister, Ulrike Stute
Umschlaggestaltung: Druckservice HP Nacke KG, Wuppertal
Gesamtherstellung: Schönbach-Druck GmbH, Erzhausen

Die Bibelzitate sind in der Regel der Lutherbibel 84 entnommen.
Reihe Geistlich theologische Texte 9003

ISBN 3-927772-13-5

INHALTSVERZEICHNIS

VORWORT

Das Buch Daniel ist die alttestamentliche Parallele zu dem neutestamentlichen Buch der Offenbarung des Johannes. Daniel selbst verstand nicht vollständig den Inhalt seiner Prophezeiungen über die letzten Tage, aber er hat glaubensvoll aufgeschrieben, was ihm von Gott mitgeteilt worden war.

Anfang des 6. Jahrhunderts vor Christus schrieb Daniel ein Buch mit bemerkenswert genauen Angaben über Ereignisse, die in den letzten Tagen geschehen würden, und prophezeite einen erstaunlich genauen Überblick über die menschliche Geschichte. Und tatsächlich, die Prophezeiungen im Buch Daniel über die Jahrhunderte nach Daniels Leben erfüllten sich so genau, daß moderne Kritiker, die bestreiten, daß es echte Prophezeiungen gibt, behaupten, daß die erfüllten Prophezeiungen erst *nach* den Ereignissen, die sie beschreiben, verfaßt wurden. Sie verlegen die Entstehungszeit des Buches Daniel in die Zeit der Makkabäer (2. Jahrhundert v. Chr.). Aber unter der Führung des Heiligen Geistes dürfen wir sicher sein, daß solche Annahmen über die Unmöglichkeiten von Prophezeiungen falsch sind.

Wir, die wir in diesem apokalyptischen Zeitalter leben, sollten genau wissen, wie die Zeichen der Zeit zu erklären sind. Es war immer mein besonderer Wunsch, eine Erklärung des Buches Daniel zu schreiben, seit ich eine Auslegung der Offenbarung des Johannes verfaßte. Ich danke Gott für die Erfüllung dieses Traumes und fühle mich dabei, als wäre zumindest teilweise eine schwere Schuld endlich beglichen worden.

Diese Erklärung des Buches Daniel wurde für Nichttheologen geschrieben, im Stil einer Predigt oder eines Vortrags und nicht als wissenschaftliche Abhandlung, genau so wie mein Kommentar zur Offenbarung des Johannes.

Mein aufrichtiger Wunsch ist, daß dieses Buch ein Führer wird, der die Weisheit der Menschen erleuchtet, die in diesem apokalyptischen Zeitalter leben, damit sie dem Herrn noch hingegebener dienen.

Die erste Ausgabe dieses Buches wurde im August 1976 in Koreanisch veröffentlicht.

Paul Yonggi Cho

1

Daniels Persönlichkeit

Daniel, der Gefangene
(1:1-2)

> Im dritten Jahr der Herrschaft Jojakims, des Königs
> von Juda, zog Nebukadnezar, der König von Babel, vor
> Jerusalem und belagerte es. Und der Herr gab in seine
> Hand Jojakim, den König von Juda, und einen Teil der
> Geräte aus dem Hause Gottes. Die ließ er ins Land
> Schinar bringen, in den Tempel seines Gottes, und tat
> die Geräte in die Schatzkammer seines Gottes.

Während seines Kriegszugs nach Ägypten belagerte Ne-
bukadnezar Jerusalem (606 v. Chr.) und fügte dem
Königreich Juda großen Schaden zu. Dazu nahm er junge
Israeliten als Geiseln mit nach Babylon. Unter ihnen war
auch der junge Daniel, der später einmal hohe Regie-
rungspositionen zuerst im Babylonischen Reich und nach
dessen Fall auch im Persischen Reich einnehmen sollte.
Als ein Verwalter am Hof dieser Königreiche erlangte
Daniel großen Respekt sowohl bei seinen jüdischen
Stammesgenossen als auch bei den Heiden. Zeit seines
Lebens blieb er ein glaubenstreuer Diener Gottes.

Daniel war eine bedeutende politische Persönlichkeit und diente erfolgreich unter zahlreichen Königen am babylonischen Hof: Nabopolassar (626—605), Nebukadnezar (605—562), Evil-Merodach (562—560), Neriglissar (560—556), Labaschi-Marduk (556), Nabonid (556—539). Nach dem Untergang von Babylon diente er Darius dem Meder und Kyrus dem Perser.

Babel, wo Daniel die meiste Zeit seines Lebens verbrachte, war zu seiner Zeit die bedeutendste Stadt der Welt, und ihr Ruhm als die Hauptstadt eines mächtigen Reiches dauerte über siebzig Jahre. Die archäologischen Ausgrabungen bestätigten übereinstimmend, daß es eine riesige Stadt war. Babel glich einem Viereck, dessen Gesamtlänge rund 90 Kilometer betrug, d. h. jede Seite hatte eine Länge von 22,5 Kilometern. Die Stadtmauer aus Ziegelsteinen war an einigen Stellen über 90 Meter hoch, reichte 10 Meter in die Tiefe, so daß die Feinde keinen Tunnel graben konnten, und war rund 24 Meter dick.

Die Stadt war berühmt für ihre sagenhaften Gebäude, zum Beispiel dem großen Marduktempel (Hauptgott der Babylonier) und dem luxuriösen Palast von Nebukadnezar. Die hängenden Gärten der Semiramis gehörten zu den sieben Weltwundern der Antike. Sie hingen von terrassenartigen Hängen wie künstlich in der Luft herab.

Dennoch wurde Babylon, genau wie Jesaja prophezeite, zerstört wie Sodom und Gomorra, und heute erinnern nur noch Ruinen an die einst so stolze Stadt (vgl. Jesaja 13:19-22). Großbabylon verschwand mit der Herrlichkeit seiner Könige wie vorüberziehende Wolken. Nur die Offenbarung Gottes, von der Daniel schrieb, blieb bestehen und ist noch heute in unseren Händen. Diese Offenbarung ist das Buch Daniel, welches wir betrachten wollen.

Zuerst wollen wir uns ansehen, wie die Israeliten von den Babyloniern überwunden und als Gefangene weggeführt wurden.

Der Staat Israel

<u>Israel ist Gottes auserwähltes Volk.</u> Gott rief Israel heraus und liebte es wie Seinen Augapfel. Die Israeliten sind die Nachkommen von Abraham, Isaak und Jakob, die die Verheißung Gottes erhielten. Gleichwohl wurde Gottes auserwähltes Volk gefangengenommen und nach Babylon, dem sündvollen Land weggeführt, welches nicht den wahren Gott kannte, sondern heidnischen Göttern diente. Der Schatz aus dem Tempel Gottes wurde als Beute mitgenommen, und das Land, in dem Milch und Honig fließen sollte, wurde in einem zerstörten Zustand zurückgelassen. Warum wurde Israel von Gott auf diese Weise hingegeben und heimgesucht?

<u>Erstens.</u> Israel wurde hingegeben, weil die Menschen das Gesetz und die Verheißung Gottes verlassen hatten. Gott gab Seine Verheißung und das Gesetz durch Mose, aber sie ignorierten das Gesetz Gottes und lebten, wie es ihnen gefiel.

<u>Die Bibel bezeichnet Gott häufig als den Ehemann.</u> Israel als Seine Frau wurde übermütig und verließ ihren Mann wie eine Ehebrecherin. Sie erklärte sich für unabhängig von ihrem Mann und mißachtete das Gesetz und die Verheißung.

Was würde sein, wenn Ihr Ehepartner, dem Sie vertrauen und den Sie für einen lebenswichtigen Teil Ihres Lebens halten, genauso treulos handeln würde? Sie wären wahrscheinlich äußerst eifersüchtig und würden danach trachten, ihm oder ihr zu helfen, den falschen Weg wieder zu verlassen.

Das ist ganz selbstverständlich. Welcher Ehepartner würde sich in solch einer Situation mit der Rolle eines unbeteiligten Zuschauers begnügen?

Wieviel weniger noch würde der gerechte Gott, unser Vater, damit zufrieden sein. So benutzte Gott, der darauf wartete, daß Israel bereute und umkehrte, schließlich Babylon, eine heidnische Nation, um Israel zu bestrafen.

<u>Zweitens.</u> Israel hatte nicht nur die Gebote Gottes übertreten, sondern auch den Sabbat und das Sabbatjahr nicht gehalten. Gott hatte festgelegt, daß Israel sechs Tage in der Woche arbeiten und der siebte Tag geheiligt werden sollte (2. Mose 20:8-11). Weiterhin hatte Gott bestimmt, daß die Israeliten hebräische Sklaven im siebten Jahr (Sabbatjahr) freigeben mußten. Dabei durften die Gründe für den Verkauf in die Sklaverei kein Hindernis sein (2. Mose 21:2). Betreffs des Ackerlandes hatte Gott bestimmt, daß es sechs Jahre lang bebaut werden sollte, aber im siebten Jahr sollte es brach liegen bleiben (3. Mosc 25:1-7).

Israel hielt jedoch nicht diese Gesetze Gottes. Deshalb hatte Gott ihnen deutlich gemacht, daß Er das Land als Strafe für ihren Ungehorsam zerstören würde (3. Mose 26:14-46, Jeremia 34:12-22).

<u>Drittens</u> ist festzustellen, daß das Volk Götzendienst trieb. Das erste der Zehn Gebote fordert: ,,Du sollst

keine anderen Götter neben mir haben" (2. Mose 20:3). Aber Israel beging in der Zeit, als es im Land Kanaan lebte, geistlichen Ehebruch, indem sie die kanaanäischen Götter Baal und Aschera verehrten. Wie könnte Gott dieses ungestraft lassen?

Viertens. Abgöttische Völker entarten unweigerlich in sittliche Verdorbenheit. Zu dem Zeitpunkt, da sie den lebendigen und gerechten Gott verlassen, verläßt sie auch die Kraft Gottes, die es ihnen ermöglicht, nach dem Gewissen und den Gesetzen der Moral zu leben. Dies widerfuhr auch dem Volk Israel.

Als Israel Gott verließ, Ehebruch beging und sittlich zerfiel, beschloß Gott das Volk zu zerstreuen. Gott hatte Sein Volk wiederholt durch Seine Propheten gewarnt, zum Beispiel durch Jesaja und Jeremia. Dennoch kehrte Israel nicht um. So gab Gott schließlich Israel in die Hand Nebukadnezars von Babylon.

Babylon benötigte hierzu Gottes Erlaubnis. Es sei denn, daß Gott es zuläßt, ansonsten können menschliche Armeen nicht vernichten, wen sie wollen. Der Anfang und das Ende der Weltgeschichte sind auch noch heute in der Hand Gottes.

Während des koreanischen Krieges zum Beispiel, gab Gott unser Land in die Hände der Kommunisten. Gleich Israel hatte Korea die Aufgabe, das Evangelium allen Völkern der Welt zu predigen. Wie Israel vergaß unser Volk die Gebote Gottes und ging den Weg der Verfehlung und Unmoral. So gab Gott uns in die Hände der Kommunisten. Durch diese Umstände machte uns Gott zur Buße fähig und schenkte eine Erweckung, die das Wachstum der koreanischen Kirche hervorbrachte.

Dennoch, wenn unser Volk die Gebote Gottes wie

auch Deutschland

13

der vergißt und sich von Seiner Heiligkeit abwendet, kann niemand mit Sicherheit sagen, ob Gott dieses Land nicht noch einmal strafen wird. Im Gegenteil, wenn wir die Bürde, die Gott uns gegeben hat, annehmen und Ihm dienen, Seinen Geboten gehorsam sind, werden wir wundervollen Segen von Gott erhalten, Segen vom Himmel und Segen von der Erde.

Die jungen Männer, die zu hohen Positionen ausgewählt wurden (1:3-7)

> Und der König sprach zu Aschpenas, seinem obersten Kämmerer, er sollte einige von den Israeliten auswählen, und zwar von königlichem Stamm und von edler Herkunft, junge Leute, die keine Gebrechen hätten, sondern schön, begabt, weise, klug und verständig wären, also fähig, an des Königs Hof zu dienen; und er sollte sie in Schrift und Sprache der Chaldäer unterrichten lassen. Und der König bestimmte, was man ihnen täglich geben sollte, von seiner Speise und von dem Wein, den er selbst trank; so sollten sie drei Jahre erzogen werden und danach vor dem König dienen. Unter ihnen waren aus Juda Daniel, Hananja, Mischael und Asarja. Und der oberste Kämmerer gab ihnen andere Namen und nannte Daniel Beltschazar und Hananja Schadrach und Mischael Meschach und Asarja Abed-Nego.

Da Gott Jerusalem in die Hand Nebukadnezars gab, hatte dieser ohne große Schwierigkeiten die Stadt erobert. Auch wurde der Tempel geplündert und viele der Kultgegenstände mitgenommen und dem Tempelschatz des babylonischen Gottes Marduk hinzugefügt. Überdies führte er die meisten der Einwohner Jerusalems als Gefangene nach Babylonien. Aus diesen Gefangenen wählte Nebukadnezar mehrere junge, gutaussehende und intelligente Männer aus, um an seinem Hof zu dienen.

Hieraus können wir schließen, daß Nebukadnezar ein weiser König war. Wenn er ein Land erobert hatte, beschlagnahmte er nicht nur seine materiellen Schätze wie Silber und Gold, sondern wählte auch unter den „menschlichen Schätzen" aus. Er machte es zu seiner Politik, intelligente Männer aus dem eroberten Land an seinen Hof zu nehmen und dort auszubilden, damit sie zur Entwicklung seines Landes beitrugen.

Unter diesen jungen Männern, die aus der königlichen Familie und den führenden Schichten Israels ausgewählt worden waren, befanden sich auch Daniel, Hananja, Mischael und Asarja. Drei Jahre lang sollten sie in der Palastschule die Sprache und die Literatur der Babylonier lernen. Aschpenas, der oberste Kämmerer, gab ihnen neue Namen, die auf die babylonischen Gottheiten hinwiesen. Da sie Gefangene waren und besonders für den König ausgewählt, konnten sie die heidnischen Namen nicht ablehnen.

> Aber Daniel nahm sich in seinem Herzen vor, daß er sich mit des Königs Speise und mit seinem Wein nicht unrein machen wollte, und bat den obersten Kämmerer, daß er sich nicht unrein machen müßte. (1:8)

In diesem Abschnitt fällt auf, wie standhaft der Glaube Daniels war. Von alters her waren die Juden bekannt für die Treue zu ihrer Religion. Dies mag einer der Hauptgründe sein, warum sie ihre Integrität als Volk trotz einer zweitausendjährigen Zerstreuung in aller Welt bewahrten.

Betrachten Sie den unbeugsamen Glauben Daniels. Er war ein junger Mann, unter vielen anderen besonders ausgewählt, um an der königlichen Schule in Babel zu studieren. Andere würden darüber stolz geworden sein. Er jedoch hielt fest am Glauben seiner Vorfahren und beschloß, sich nicht zu verunreinigen wie die heidnischen Babylonier.

Die Speisen waren königlich und von Nebukadnezar selbst ausgewählt, der zu dieser Zeit die Welt beherrschte. So ist es nicht schwierig, sich die Pracht der königlichen Tafel vorzustellen. Daniel jedoch beschloß, nichts davon zu essen, da es gegen Gottes Gebot verstieß.

Heiden besaßen zur Zeit Daniels keine Gebote darüber, welche Speisen erlaubt oder verboten waren. In Kapitel 11 im 3. Buch Mose jedoch ist angegeben, welche Tiere gegessen werden durften und welche nicht. Zum Beispiel durften die Israeliten keine Insekten essen oder Tiere wie Schweine, Kamele und Kaninchen; auch keine Meerestiere ohne Flossen oder Schuppen oder Vögel, die zu den Adlern oder Eulen zählten. Deshalb war Daniel besorgt, er könnte unwissentlich die Gebote Gottes verletzen, wenn er von der königlichen Speise am Hofe Babylons aß.

Ein anderer Grund, warum Daniel die königliche Speise verweigerte, lag darin, daß sie vor den Mahlzeiten den Göttern geweiht wurde. Es war damals Brauch, daß alles Fleisch und aller Wein dem babylonischen Gott Marduk dargeboten wurde, bevor Speise und Trank dem König serviert wurden. Folglich hieß das für Daniel, wenn er von der Speise nahm, die babylonischen Götter anzuerkennen. Darum lehnte er sie ab.

Dieses Problem von den Göttern geweihter Speise — welches auch im Neuen Testament vorkommt (siehe 1. Korinther 8:7) — mag im modernen Deutschland kein Problem sein. Aber in einigen Ländern, wie zum Beispiel in Korea, kann es auch heute noch ein Thema sein. Daniel liefert uns hier ein Beispiel. Die Bibel zeigt uns, daß wir keine Speise zu uns nehmen sollen, wenn wir denken, daß sie einem Götzen geopfert oder während einer Geisterbeschwörung dargeboten wurde, wie es in der koreanischen Kultur Tradition ist. Wir können jede Speise zu uns nehmen, solange wir ihren Ursprung nicht kennen. Wenn wir jedoch derartige Speise essen, und wir kennen ihren Ursprung, werden wir durch Satan in Versuchung fallen und uns deshalb quälen, weil wir uns schuldig fühlen.

Die jungen Männer werden belohnt (1:9-16)

> Und Gott gab es Daniel, daß ihm der oberste Kämmerer günstig und gnädig gesinnt wurde. Der sprach zu ihm: Ich fürchte mich vor meinem Herrn, dem König, der euch eure Speise und euern Trank bestimmt hat. Wenn er merken würde, daß euer Aussehen schlechter ist als das der anderen jungen Leute eures Alters, so brächtet ihr mich bei dem König um mein Leben. Da sprach Daniel zu dem Aufseher, den der oberste Kämmerer über Daniel, Hananja, Mischael und Asarja gesetzt hatte: Versuch's doch mit deinen Knechten zehn Tage und laß uns Gemüse zu essen und Wasser zu trinken geben. Und dann laß dir unser Aussehen und das der jungen Leute, die von des Königs Speise essen, zeigen; und danach magst du mit deinen Knechten tun

nach dem, was du sehen wirst. Und er hörte auf sie und
versuchte es mit ihnen zehn Tage. Und nach den zehn
Tagen sahen sie schöner und kräftiger aus als alle jungen Leute, die von des Königs Speise aßen. Da tat der
Aufseher die Speise und den Trank, die für sie bestimmt waren, weg und gab ihnen Gemüse.

Da Daniel den Entschluß faßte, sich nicht mit der königlichen Speise und dem den Göttern geopferten Wein zu
verunreinigen — wie es ihm sein Glaube gebot —, bat er
den Haushofmeister: „Gib uns nichts anderes zu essen
als Gemüse und Wasser zu trinken."

Diesem wurde jedoch angst. Einerseits wollte der
Beamte die für ihn vorteilhafte Bitte berücksichtigen, da
er die königliche Speise und den Wein, bestimmt für
Daniel und seine drei Freunde, für sich behalten konnte.
Andererseits schien sie ihm gefährlich, weil der König
bemerken mußte, daß die vier jungen Männer hager
aussahen. Und in diesem Fall würde der König seinen
Kopf fordern. Deshalb schlug er Daniels Bitte aus.

Dennoch beharrte Daniel auf seiner Bitte und schlug
einen Versuch vor, nach dessen Ablauf der Haushofmeister bestimmen sollte, ob ihre Gesundheit darunter litt.
So aßen sie nichts als Gemüse und tranken nichts als
Wasser. Nach zehn Tagen sahen sie gesünder und besser
ernährt aus als diejenigen, die königliche Speise zu sich
genommen hatten. Der Beamte ging deshalb mit Freu-
den auf die Bitte Daniels ein, nur Gemüse zu essen.

Wir können von diesem Ereignis lernen, daß Gott
sich allezeit um die Schwierigkeiten kümmert, die entstehen, wenn wir unserem Glauben treu bleiben.

Von Gott ausgebildete Diener
(1:17-21)

Und diesen vier jungen Leuten gab Gott Einsicht und
Verstand für jede Art von Schrift und Weisheit. Daniel
aber verstand sich auf Gesichte und Träume jeder Art.
Und als die Zeit um war, die der König bestimmt hatte,
daß sie danach vor ihn gebracht werden sollten, brachte
sie der oberste Kämmerer vor Nebukadnezar. Und der
König redete mit ihnen, und es wurde unter allen nie-
mand gefunden, der Daniel, Hananja, Mischael und
Asarja gleich war. Und sie wurden des Königs Diener.
Und der König fand sie in allen Sachen, die er sie
fragte, zehnmal klüger und verständiger als alle Zeichendeuter und Weisen in seinem ganzen Reich. Und
Daniel blieb im Dienst bis ins erste Jahr des Königs
Kyrus.

Weil Daniel und seine drei Freunde sich nicht verunrei-
nigten, sondern Gottes Gebote hielten, ungeachtet der
Not der Gefangenschaft, liebte Gott sie und trug Sorge
für sie.

Die Bibel sagt in 5. Mose (28:1-14), daß eine Anzahl
von Segnungen auf ein Volk kommen wird, das Gottes
Gebote und Sein Gesetz hält, nicht zur Rechten oder zur
Linken abweicht und nicht anderen Göttern folgt und ihnen dient. Dieses Volk wird zum höchsten über alle
Völker auf Erden gemacht werden. Die Frucht im Mut-
terleib und der Teig im Backtrog aller seiner Zugehöri-
gen wird gesegnet sein. Seine Feinde, die auf einem
Weg kommen, werden auf sieben fliehen. Gott wird zur
rechten Zeit Regen auf das Land geben und dieses wird
überreiche Ernten hervorbringen. Die Menschen werden vielen Völkern leihen, aber von niemandem borgen

müssen. Gott wird das Volk zum Haupt machen, nicht zum Schwanz.

Der Gott, der uns solch eine Verheißung gab, ist der Schöpfer des ganzen Universums. Wenn Er aufschließt, kann niemand zuschließen, und wenn Er zuschließt, kann niemand öffnen.

Gott sah den Gehorsam in Daniels Glauben, der Ihm vertraute. So gab er Daniel Weisheit und Verstand in allen Dingen der Literatur und des Wissens, so daß er weiser als irgend jemand anderes im Land wurde. Gott macht das gleiche auch heute noch. Wenn Ihre Kinder also den Feiertag mit der Entschuldigung verletzen wollen, sie müßten lernen, weisen Sie Ihre Kinder darauf hin, zuerst dem Herrn zu dienen und in der übrigen Zeit zu studieren. Der Herr wird ihr Vertrauen ehren und ihr Studium segnen.

Inzwischen beten Sie als Eltern für Ihre Kinder jeden Morgen und jeden Abend und legen Ihre Hände auf sie, um sie zu segnen. Alle Weisheit und Erkenntnis sind von Gott verliehener Segen. Wenn Gott Seinen Geist auf einen Menschen kommen läßt, damit er Weisheit und Verstand erhält, kann dieser eine Weisheit erreichen, die kein Mensch in der Welt anzweifeln kann.

Das gleiche gilt auch für Geschäftsleute — der Dienst für den Herrn muß zuerst kommen. Zu oft sehen wir christliche Geschäftsleute, die von ihrem Geschäft so in Anspruch genommen werden, daß sie ihre Pflichten als Christen vernachlässigen. Sie besuchen keine Gottesdienste, noch geben sie Gott ihren Zehnten, der Ihm gehört.

Sie vergessen Gott. Friede und Freude verlassen ihre Herzen. Und da auch aller Segen der Gesundheit von

Gott kommt, wird es für diese Personen möglich sein, die Gesundheit zu erhalten? Natürlich nicht. Was für einen Sinn hat es, mit so viel Mühen Geld anzusammeln?

Wenn wir unser Vertrauen auf den Schatz dieser Erde setzen, wird dieser Schatz in kurzer Zeit verschwunden sein. Aber wenn wir unser Vertrauen in Gott setzen, als unser Erstes und Letztes, nur auf Ihn bauen und Ihm erlauben, unser Leben zu bestimmen, wird Gott Seine Segnungen überfließend auf uns schütten. Wir werden die geistlichen Segnungen eines Friedens in unserem Geist und ein freudvolles Herz ebenso erhalten wie materielle Segnungen. Ich bete im Namen des Herrn Jesus Christus, daß alle von Ihnen diesen vertrauensvollen Glauben besitzen, wie Daniel ihn hatte.

Nach den drei Jahren Ausbildung in der Palastschule rief Nebukadnezar die jungen Männer zu sich, um sie zu testen. Er war erstaunt, daß Daniel und seine drei Freunde zehnmal klüger waren und alle Zeichendeuter und Zauberer in Babylonien an Weisheit und Erkenntnis übertrafen. Dazu konnte Daniel Visionen und Träume deuten. Deshalb bestellte Nebukadnezar sie als Ratsmitglieder an seinen Hof.

Wir sollten daran denken, daß Gott diese jungen Männer in die höchsten Stellungen in Babylonien brachte, weil sie Ihm zuerst dienten und Seine Gebote hielten, obwohl sie Gefangene aus dem kleinen, fremden Land Juda waren. So wunderbar ist Gottes vorausschauendes Wirken!

2

Nebukadnezars Traum

Der Befehl des Königs
(2:1-6)

Im zweiten Jahr seiner Herrschaft hatte Nebukadnezar einen Traum, über den er so erschrak, daß er aufwachte. Und der König ließ alle Zeichendeuter und Weisen und Zauberer und Wahrsager zusammenrufen, daß sie ihm seinen Traum sagen sollten. Und sie kamen und traten vor den König. Und der König sprach zu ihnen: Ich hab einen Traum gehabt; der hat mich erschreckt, und ich wollte gerne wissen, was es mit dem Traum gewesen ist. Da sprachen die Wahrsager zum König auf aramäisch: Der König lebe ewig! Sage deinen Knechten den Traum, so wollen wir ihn deuten. Der König antwortete und sprach zu den Wahrsagern: Mein Wort ist deutlich genug. Werdet ihr mir nun den Traum nicht kundtun und deuten, so sollt ihr in Stücke gehauen und eure Häuser sollen zu Schutthaufen gemacht werden. Werdet ihr mir aber den Traum kundtun und deuten, so sollt ihr Geschenke, Gaben und große Ehre von mir empfangen. Darum sagt mir den Traum und seine Deutung.

Das zweite Kapitel des Buches Daniel handelt von Nebukadnezars vergessenem Traum. Der König hatte einen

Traum, der kommende Ereignisse der Weltgeschichte aufzeigte. Gott schenkte Nebukadnezar diesen Traum vor 2 600 Jahren, um die großen Linien der Weltgeschichte von seiner Zeit angefangen bis zur Wiederkunft Jesu auf diese Erde aufzuzeigen.

Obwohl der König ein kühner und tapferer Mann war, konnte er nicht mehr einschlafen, weil der Traum beängstigend und furchterregend war. Deshalb wollte er unbedingt die Bedeutung des Traumes erfahren.

Nach der Bibel muß Nebukadnezar ein weiser König gewesen sein, denn als er die Wahrsager und Zauberer in seinem Palast aufforderte, seinen Traum zu deuten, teilte er ihnen nicht mit, was er geträumt hatte. Er wußte, daß die meisten Leute, wenn sie von einem Traum hören, ganz selbstverständlich in der Lage sind, sich eine plausible Deutung zurechtzulegen. Wieviel mehr galt das erst für die babylonischen Traumdeuter, die besonders darin ausgebildet waren!

> Sie antworteten noch einmal und sprachen: Der König sage seinen Knechten den Traum, so wollen wir ihn deuten. Der König antwortete und sprach: Wahrlich, ich merke, daß ihr Zeit gewinnen wollt, weil ihr seht, daß mein Wort deutlich genug ist. Aber werdet ihr mir den Traum nicht sagen, so ergeht ein Urteil über euch alle, weil ihr euch vorgenommen habt, Lug und Trug vor mir zu reden, bis die Zeiten sich ändern. Darum sagt mir den Traum; so kann ich merken, daß ihr auch die Deutung trefft. Da antworteten die Wahrsager vor dem König und sprachen zu ihm: Es ist kein Mensch auf Erden, der sagen könnte, was der König fordert. Ebenso gibt es auch keinen König, wie groß und mächtig er sei, der solches von irgendeinem Zeichendeuter, Weisen oder Wahrsager fordern würde. Denn was der König fordert, ist zu hoch, und es gibt auch sonst nie-

mand, der es vor dem König sagen könnte, ausgenommen die Götter, die nicht bei den Menschen wohnen. Da wurde der König sehr zornig und befahl, alle Weisen von Babel umzubringen. Und das Urteil ging aus, daß man die Weisen töten sollte. Auch Daniel und seine Gefährten suchte man, um sie zu töten. (2:7-13)

Als der König sie aufforderte, den Traum zu deuten, ohne daß er ihnen mitteilte, was er geträumt hatte, protestierten sie. Aber der König gab nicht nach und bestand darauf, daß sie den Traum und seine Deutung selbst finden müßten. Nur in diesem Falle konnte er sicher sein, daß ihre Deutung auch stimmte.

So in die Enge getrieben, schoben die Wahrsager listig alle Verantwortung den Göttern zu. Das machte den König so wild, daß er die Hinrichtung aller Weisen Babyloniens anordnete und die Beschlagnahme ihres Vermögens befahl. Der Befehlshaber des königlichen Heeres machte sich mit seinen Soldaten auf, diese Anordnung auszuführen, und die Situation wurde ernst und bedenklich.

Der kühne Glaube Daniels
(2:14-16)

Da wandte sich Daniel klug und verständig an Arjoch, den Obersten der Leibwache des Königs, der auszog, um die Weisen von Babel zu töten. Und er fing an und sprach zu Arjoch, dem der König Vollmacht gegeben hatte: Warum ist ein so strenges Urteil vom König ergangen? Und Arjoch teilte es Daniel mit. Da ging Daniel hinein und bat den König, ihm eine Frist zu geben, damit er die Deutung dem König sagen könne.

Das Schicksal Daniels und seiner drei Freunde Sadrach, Meschach und Abed-Nego hing an einem seidenen Faden. Betrachten Sie jedoch das kühne Gottvertrauen der vier jungen Männer. Die Menschen waren durch den Befehl des Königs, alle Wahrsager und Zauberer Babyloniens hinzurichten, zu Tode erschreckt. Aber Daniel, der dem ewigen Gott vertraute, war nicht beunruhigt. Deshalb bat er einfach den König um Zeit, damit er Gott nach dem Traum und dessen Deutung fragen konnte.

Daniels Reaktion sollte uns daran erinnern, daß wir Gott in schwierigen Situationen vertrauen dürfen und nicht in Panik verfallen müssen. In normalen Zeiten mag der Unterschied zwischen dem Leben eines Christen und einem Nichtchristen vielleicht nicht so bedeutend sein. Wenn jedoch Widerwärtigkeiten auftauchen, ist ein großer Unterschied festzustellen. Wer nicht sein Vertrauen auf Jesus Christus setzen kann, ist schneller enttäuscht und eher zum Klagen bereit. Er verhält sich ängstlich und versucht, den Umständen zu entkommen, wie es die heidnischen Wahrsager taten. Christen dagegen können Krisen und Bedrängnisse wie Daniel überwinden, indem sie sich mutig in ihrem Glauben auf Gott verlassen.

Die Offenbarung Gottes
(2:17-19)

> Und Daniel ging heim und teilte es seinen Gefährten Hananja, Mischael und Asarja mit, damit sie den Gott des Himmels um Gnade bäten wegen dieses Geheimnisses und Daniel und seine Gefährten nicht samt den

> anderen Weisen von Babel umkämen. Da wurde Daniel
> dies Geheimnis durch ein Gesicht in der Nacht offen-
> bart. Und Daniel lobte den Gott des Himmels.

Mit dem harten und schnellen Befehl des Königs kon-
frontiert, rief Daniel seine drei Freunde zum gemeinsamen Gebet zu sich.

Beachten Sie hier, daß das Gebet von zweien besser
ist als das Gebet einer einzelnen Person, und das Gebet
von mehr als zwei Personen ist noch besser. Daniel war
ein Mann, der um die Kraft des gemeinsamen Betens
wußte. Die Dringlichkeit des königlichen Befehls hätte
ihn die Einsamkeit eines Berges aufsuchen lassen können, um dort allein zu beten. Statt dessen rief er seine
Freunde herbei, und sie beteten miteinander.

Dieses Prinzip, das ich das „Gesetz des gemeinsamen Gebets" nennen möchte, ist bis heute gültig, besonders für unsere Familien. Das Gebet von zwei Menschen ist wünschenswerter als das Gebet einer einzelnen
Person, und das Gebet der ganzen Familie ist noch besser, besonders wenn wir um eine Offenbarung von Gott
beten. Wenn Menschen mit hingegebenem Glauben miteinander in Übereinstimmung mit diesem „Gesetz"
beten, wird Gott dieses Gebet schneller beantworten.

Nach dem Gebet der vier Freunde offenbarte Gott in
der Nacht Daniel in einer Vision Nebukadnezars
Traum. Ich glaube, dies bedeutete, daß Daniel denselben Traum hatte, wie Nebukadnezar ihn geträumt hatte.
Nur so konnte er genau die Einzelheiten in Nebukadnezars Traum wissen.

Als Daniel am nächsten Morgen erwachte, lobte er
Gott:

Daniel fing an und sprach: Gelobt sei der Name Gottes von Ewigkeit zu Ewigkeit, denn ihm gehören Weisheit und Stärke! Er ändert Zeit und Stunde; er setzt Könige ab und setzt Könige ein; er gibt den Weisen ihre Weisheit und den Verständigen ihren Verstand, er offenbart, was tief und verborgen ist; er weiß, was in der Finsternis liegt, denn bei ihm ist lauter Licht. Ich danke dir und lobe dich, Gott meiner Väter, daß du mir Weisheit und Stärke verliehen und jetzt offenbart hast, was wir von dir erbeten haben; denn du hast uns des Königs Sache offenbart. (2:20-23)

Wir können in Daniels Antwort auf Gottes Offenbarung ein nachahmenswertes Beispiel erkennen: Daniel besaß ein Herz von wahrer Dankbarkeit.

Daniel teilt dem König Gottes Antwort mit (2:24-30)

Da ging Daniel hinein zu Arjoch, der vom König Befehl hatte, die Weisen von Babel umzubringen, und sprach zu ihm: Du sollst die Weisen von Babel nicht umbringen, sondern führe mich hinein zum König, ich will dem König die Deutung sagen. Arjoch brachte Daniel eilends hinein vor den König und sprach zu ihm: Ich habe einen Mann gefunden unter den Gefangenen aus Juda, der dem König die Deutung sagen kann. Der König antwortete und sprach zu Daniel, den sie Beltschazar nannten: Bist du es, der mir den Traum, den ich gesehen habe, und seine Deutung kundtun kann? Daniel fing an vor dem König und sprach: Das Geheimnis, nach dem der König fragt, vermögen die Weisen, Gelehrten, Zeichendeuter und Wahrsager dem König nicht zu sagen. Aber es ist ein Gott im Himmel, der kann Geheimnisse offenbaren. Der hat dem König Nebukadnezar kundgetan, was in künftigen Zeiten geschehen soll. Mit deinem Traum und deinen Gesichten, als du schliefst, verhielt es sich so: Du, König, dachtest auf deinem Bett, was dereinst geschehen würde; und der, der Geheimnisse offenbart, hat dir kundgetan, was geschehen wird. Mir aber ist dies Geheimnis offenbart worden, nicht als wäre meine Weisheit größer als die Weisheit aller, die da leben, sondern damit dem König die Deutung kundwürde und du deines Herzens Gedanken erführest.

Schließlich wurde Daniel zum König gebracht, um diesem den geheimnisvollen Traum und seine Deutung mitzuteilen. Beachten Sie jedoch, daß Daniel nicht einfach zum König ging, um ihm den Traum und seine Deutung mitzuteilen. Er trat vor den König mit dem Entschluß, das Beste aus dieser Gelegenheit zu machen, um ein Zeuge des wahren Gottes zu sein.

Das gleiche sollte auch für uns gelten. Wann immer wir ein Gespräch mit jemandem haben, der noch kein Christ ist, sollten wir uns vornehmen, Jesus Christus in dem Gespräch zu bezeugen, damit der Gesprächspartner Ihn als Herrn und Retter annehmen kann.

Inhalt und Deutung von Nebukadnezars Traum (2:31-43)

Du, König, hattest einen Traum, und siehe, ein großes und hohes und hell glänzendes Bild stand vor dir, das war schrecklich anzusehen. Das Haupt dieses Bildes war von feinem Gold, seine Brust und seine Arme waren von Silber, sein Bauch und seine Lenden waren von Kupfer, seine Schenkel waren von Eisen, seine Füße waren teils von Eisen und teils von Ton. Das sahst du, bis ein Stein herunterkam, ohne Zutun von Menschenhänden; der traf das Bild an seinen Füßen, die von Eisen und Ton waren, und zermalmte sie. Da wurden miteinander zermalmt Eisen, Ton, Kupfer, Silber und Gold und wurden wie Spreu auf der Sommertenne, und der Wind verwehte sie, daß man sie nirgends mehr finden konnte. Der Stein aber, der das Bild zerschlug, wurde zu einem großen Berg, so daß er die ganze Welt füllte. Das ist der Traum. Nun wollen wir die Deutung vor dem König sagen. (Verse 31-36)

Der König war mit Sicherheit erstaunt über Daniels Genauigkeit. Dadurch besaß Daniel ohne Zweifel die Aufmerksamkeit des Königs, als er zur Deutung der einzelnen Teile des Traumes schritt.

Du, König, bist ein König aller Könige, dem der Gott des Himmels Königreich, Macht, Stärke und Ehre gegeben hat und dem er alle Länder, in denen Leute wohnen, dazu die Tiere auf dem Felde und die Vögel unter dem Himmel in die Hände gegeben und dem er über alles Gewalt verliehen hat. Du bist das goldene Haupt. (Verse 37-38)

Daniels Deutung, daß das goldene Haupt im Traum Nebukadnezar selbst war, muß für den König ein großer Schock gewesen sein. Bis jetzt hatte er gedacht, König aus eigener Vollmacht durch den Segen seines Gottes Marduk geworden zu sein. So konnte er nur erstaunt sein, als er hörte, daß Daniels Gott ihn zum König gemacht hatte. Doch konnte er nicht widerlegen, was Daniel gesagt hatte, denn Daniel hatte jedes Geheimnis seines Herzens offenbart, das er bisher für sich behalten hatte.

> Nach dir wird ein anderes Königreich aufkommen, geringer als deines, danach das dritte Königreich, das aus Kupfer ist und über alle Länder herrschen wird. (Vers 39)

Die Brust aus Silber wird in Kapitel 7 eingehender behandelt. Wir sollten hier nur kurz erwähnen, daß sie das vereinigte Königreich Medien und Persien bedeutet, wodurch Babylonien in der Zeit Belsazars erobert wurde. Die Brust aus Silber hat zwei Arme, von denen jeder für einen Partner der Koalition steht. Diese beiden Königreiche herrschten abwechselnd über die ganze Region Babyloniens.

Der Brust aus Silber folgt der Bauch aus Kupfer. Dieser bezieht sich auf das Griechische Reich unter Alexander dem Großen, der das Medo-Persische Königreich eroberte. Babylonien und Medo-Persien, die vor dem Griechischen Reich bestanden, waren asiatische Königreiche. Alexander der Große jedoch stieg auf und brachte Mazedonien in Europa, Iran und Syrien im westlichen Asien und sogar Ägypten in Afrika unter seine Kontrolle. Er baute das Griechische Reich durch die Vereinigung des Ostens mit dem Westen.

Das Kupfer, das den Bauch bildete, breitete sich bis zu den Schenkeln aus und teilte sich dort, da Alexander ein Königreich gründete, das sich über den Osten und den Westen erstreckte und die medo-persische Koalition zerstörte. Das eine Bein deutet auf den Westen hin und das andere auf den Osten.

> Und das vierte wird hart sein wie Eisen; denn wie Eisen alles zermalmt und zerschlägt, ja, wie Eisen alles zerbricht, so wird es auch alles zermalmen und zerbre-

chen. Daß du aber die Füße und Zehen teils von Ton und teils von Eisen gesehen hast, bedeutet: das wird ein zerteiltes Königreich sein; doch wird etwas von des Eisens Härte darin bleiben, wie du ja gesehen hast Eisen mit Ton vermengt. Und daß die Zehen an seinen Füßen teils von Eisen und teils von Ton sind, bedeutet: zum Teil wird's ein starkes und zum Teil ein schwaches Reich sein. Und daß du gesehen hast Eisen mit Ton vermengt, bedeutet: sie werden sich zwar durch Heiraten miteinander vermischen, aber sie werden doch nicht aneinander festhalten, so wie sich Eisen mit Ton nicht mengen läßt. (Verse 40-43)

Als nächstes kommen die Beine aus Eisen. Nach dem Tod Alexanders des Großen wurde das von ihm aufgebaute Reich durch seine vier Generäle in vier Teile aufgeteilt. Diese bestanden nur eine kurze Zeit und wurden durch Rom erobert, das in dieser Zeit mächtig wurde. Da die Römer ein Reich errichteten, das sich über den Osten und den Westen ausbreitete, wird dieses durch die Beine aus Eisen dargestellt.

Daniel weist besonders darauf hin, daß das Reich aus Eisen sehr stark sein und die ganze Welt unterwerfen würde. Das Römische Reich war tatsächlich das stärkste und schrecklichste Reich in der Geschichte. Seine Armeen zerbrachen andere Nationen, gerade wie die Beine aus Eisen.

Zum Schluß kamen die Füße und Zehen, die teilweise aus Eisen und teilweise aus Ton bestanden. Das weist darauf hin, daß das Reich geteilt werden würde. Zur gleichen Zeit würden Teile von ihm stark und andere schwach sein.

Das Zeitalter der Zehen

Ich glaube, daß das Zeitalter, das durch die Zehen aus Eisen und Ton dargestellt ist, sich auf die heutige Zeit bezieht. Wenn das der Fall ist, werden Sie mit Recht fragen, was dann mit den rund zweitausend Jahren ist, die zwischen dem Zeitabschnitt der eisernen Beine — der Zeit des römischen Weltreichs, das das erste Kommen Jesu erlebte — und der Gegenwart liegen?

Dies ist der Zeitabschnitt, den ich das Evangeliumszeitalter nennen möchte. Und ich glaube, daß Gott dieses Evangeliumszeitalter von Jesus Christus nicht offenbarte, als Er den jüdischen Propheten seine Prophezeiungen gab, denn diese Jahrhunderte, bisher zweitausend Jahre, sind der Zeitraum, in dem Gott Seine Braut, die Gemeinde, nach Seiner besonderen Vorsehung beruft. Das ist der Grund, warum in Daniels Deutung der Prophezeiung über das Römische Reich sofort die Beschreibung der Gründung des Königreichs Christi auf Erden folgt — das heißt, das Kommen Jesu auf diese Erde.

Die zehn Zehen der beiden Füße zeigen uns zehn Nationen, die irgendwie auf dem ehemaligen Gebiet des östlichen und westlichen Teils des Römischen Reiches vereinigt werden. Jetzt noch wird diese Vereinigung schwierig sein, da einzelne Länder von imperialistischen und autoritären Regimen regiert werden, andere dagegen von demokratischen Regierungen. Solch eine Vereinigung — mit Nationen, die von den unterschiedlichsten politischen Philosophien bestimmt werden — kann nur unvollkommen sein.

Sie mögen vielleicht fragen, ob es einen solchen Zeitabschnitt in der Geschichte tatsächlich geben wird.

Wenn das Buch Daniel genaue und zuverlässige Prophetie darstellt, dann ist unser Zeitalter ohne Zweifel das Zeitalter der Zehen. Und wenn diese Zehen — die zehn Nationen — auf dem Weg zur Einheit sind, können wir sicher sein, daß wir uns dem Ende der Welt nähern.

Was geschieht denn um uns her? Die Bemühungen für ein vereinigtes Europa auf dem ehemaligen Gebiet des Römischen Reiches schreiten seit 1958 munter fort. Die Hauptverwaltung der Europäischen Wirtschaftsgemeinschaft (EWG) wurde in jenem Jahr in Brüssel/Belgien eingerichtet. Ihre Aufgabe war die wirtschaftliche Einigung Europas, und nun wird die politische Einigung genauso geplant.

Gegenwärtig können wir nicht mit Sicherheit voraussagen, wann diese politische Einheit vollendet ist. Aber eines ist sicher. Wenn Europa sich nicht zusammenschließt, kann es nicht überleben. Seine Führer wissen, daß es in seiner gegenwärtigen Zersplitterung nicht mit den Supermächten dieser Welt mithalten kann. Folglich — gemäß der göttlichen Vorsehung, die in der Geschichte und in der Natur wirkt — marschiert Europa langsam aber sicher in die Einheit, und diese Einheit wird sich zuerst wirtschaftlich und dann politisch vollziehen.

An einem bestimmten Tag und zu einer bestimmten Stunde in unserem Leben werden wir meiner Meinung nach in den Nachrichten hören, daß die Einheit von zehn Nationen Europas letztendlich vollzogen ist. In ganz Europa werden sie die Abgeordneten des Europäischen Parlaments gewählt haben, und das Europäische Parlament den Präsidenten von Europa. Dann wird sich das Drama vom Ende der Zeiten immer schneller zuspitzen.

Übereinstimmend mit meinem Verständnis anderer Aussagen der Bibel, besonders der Offenbarung des Johannes, wird dann der Antichrist erscheinen und einen siebenjährigen Freundschaftsvertrag mit Israel abschließen. Dann wird die große Trübsal beginnen, und in jener Zeit wird die Gemeinde Jesu in den Himmel entrückt werden. Sie wird vom Wind des Heiligen Geistes hinweggerissen werden, und ewiges Verlorensein und Leid werden über die Menschen kommen, die auf der Erde zurückgeblieben sind.

Der Stein, der herunterkam, ohne Zutun von Menschenhänden (2:44-45)

> Aber zur Zeit dieser Könige wird der Gott des Himmels ein Reich aufrichten, das nimmermehr zerstört wird; und sein Reich wird auf kein anderes Volk kommen. Es wird alle diese Königreiche zermalmen und zerstören; aber es selbst wird ewig bleiben, wie du ja gesehen hast, daß ein Stein ohne Zutun von Menschenhänden vom Berg herunterkam, der Eisen, Kupfer, Ton, Silber und Gold zermalmte. So hat der große Gott dem König kundgetan, was dereinst geschehen wird. Der Traum ist zuverlässig, und die Deutung ist richtig.

Wenn Europa vereinigt ist, wird ein Stein, der ohne Zutun von Menschenhänden herunterkommt, das Bild treffen und zerstören, das heißt, dem Stolz irdischer Weltreiche ein Ende bereiten und damit den Abschluß der Geschichte herbeiführen. In dieser Zeit der Zehen, so wird uns berichtet, wird Gott ein Königreich aufrichten, das niemals mehr zerstört werden kann, auch werden keine anderen Menschen dort hingelangen als die Kinder Gottes. Es wird alle irdischen Reiche vernichten und sie zum Ende bringen, selbst aber auf ewig fortdauern.

Dieses Königreich ist das ewige Königreich Christi, und der Stein, der aus dem Himmel herunterkam, ist Jesus selbst. Die Bibel sagt: „Der Stein, den die Bauleute verworfen haben, der ist zum Eckstein geworden. Vom Herrn ist das geschehen und ist ein Wunder vor unseren Augen" (Matthäus 21:42).

Jesus ist der Stein, den Gott gebraucht, um seine Verheißungen zu vollenden. Wie die Prophezeiung in Offenbarung 19, berichtet diese Prophezeiung von Ereignissen, die in der Zukunft geschehen werden, wenn Jesus auf einem weißen Pferd reitend auf diese Erde herniederkommt und die Schlacht von Harmagedon beendet. Er wird mit Seinen Heiligen kommen, die am Hochzeitsmahl des Lammes teilnehmen. Mit ihnen wird er alle Armeen der Erde vernichten und das Tier — den Antichristen — in das schwefelige Feuer werfen. Wer das Mal des Tieres angenommen hat, wird in die Hölle verbannt. Nach diesen Ereignissen wird Er das Tausendjährige Reich aufrichten.

Diese Dinge werden bald geschehen. Ich glaube, es kann geschehen, bevor unsere Generation vergangen ist. Wenn es geschieht, berichtet uns Paulus:

„Wird er selbst, der Herr, wenn der Befehl ertönt, wenn die Stimme des Erzengels und die Posaune Gottes erschallen, herabkommen vom Himmel, und zuerst werden die Toten, die in Christus gestorben sind, auferstehen. Danach werden wir, die wir leben und übrigbleiben, zugleich mit ihnen entrückt werden auf den

Wolken in die Luft, dem Herrn entgegen; und so werden wir bei dem Herrn sein allezeit" (1. Thessalonicher 4:16-17).

Diese Prophezeiung wird in einem Augenblick erfüllt sein, ehe es unsere Augen recht wahrnehmen. Daniel sah dies alles in einer Vision bereits vor 2600 Jahren. Wir jedoch wissen davon durch historische Geschehnisse, die sich in der Geschichte bereits ereignet haben. So gesehen leben wir heute im glücklichsten aller Zeitalter.

Die Lektion in Sachen Weltgeschichte

Das Bild, das Daniel von der Weltgeschichte sah, zeigt die Entartung der menschlichen Zivilisation. Nebukadnezars Reich bestand aus Gold, aber die folgenden Reiche waren zunehmend geringer: Silber, Kupfer, Eisen und schließlich Ton.

Heutzutage sagen viele Menschen, daß mit der Verbesserung der Ausbildung die menschliche Zivilisation positiv fortschreitet. In Wirklichkeit jedoch entwickelt sie sich zum Schlechteren. Je weiter die Zeit voranschreitet, desto mehr entartet ihr Charakter, bis hin zum „Ton". Das ist die Wirklichkeit, die Daniel durch die Offenbarung Gottes vor 26 Jahrhunderten sah.

Andererseits legt die Bildsymbolik bei Daniel nahe, daß die Welt immer militärischer wird. Das spezifische Gewicht für Gold ist 19, Silber 11, Kupfer 8,5 und Eisen 7,8. Bei den Härtegraden ist es jedoch umgekehrt. Silber ist härter als Gold, Kupfer ist härter als Silber, und Eisen ist viel härter als Kupfer. Das deutet an, daß die

Ausbreitung der menschlichen Zivilisation einhergeht mit immer schrecklicheren Waffen und größerer militärischer Macht.

Ferner deuten die Bilder im Hinblick auf politische Formen an, daß die politische Macht eines jeden Reiches geringer wird. Das Reich aus Gold zum Beispiel repräsentiert eine Regierung von höchster Macht. Nebukadnezar verkörperte die ungeteilte Macht in Babylonien und hielt dessen ganzes Schicksal in seinen eigenen Händen. Bereits das Medo-Persische Reich, obwohl es ein größeres Gebiet als Babylonien umfaßte, war politisch schwächer. Dieses Phänomen wurde noch deutlicher im Griechischen und schließlich im Römischen Reich. Die römische Macht zerfiel sogar unter Valentinian I 364 n. Chr. in zwei Teile, Ost- und Westrom. Zuletzt wurde Rom von den Barbaren erobert. Die Periode der Zehen, in der Eisen und Ton vermischt sind, wird charakterisiert durch die Zunahme von Totalitarismus und Abnahme der politischen Macht.

Nebukadnezars Kapitulation vor Gott (2:46-49)

> Da fiel der König Nebukadnezar auf sein Angesicht und warf sich nieder vor Daniel und befahl, man sollte ihm Speisopfer und Räucheropfer darbringen. Und der König antwortete Daniel und sprach: Es ist kein Zweifel, euer Gott ist ein Gott über alle Götter und ein Herr über alle Könige, der Geheimnisse offenbaren kann, wie du dies Geheimnis hast offenbaren können. Und der König erhöhte Daniel und gab ihm große und viele Geschenke und machte ihn zum Fürsten über das ganze

Land Babel und setzte ihn zum Obersten über alle Weisen in Babel. Und Daniel bat den König, über die einzelnen Bezirke im Lande Babel Schadrach, Meschach und Abed-Nego zu setzen. Daniel aber blieb am Hof des Königs.

Als Daniel die Vision, die er gesehen hatte, und ihre Deutung mitteilte, war Nebukadnezar so überwältigt, daß er auf sein Angesicht fiel und Daniel anbetete. Der König eines großen Reiches stieg tatsächlich von seinem Thron herab und betete einen Mann an, der im Exil lebte. Da er dachte, daß Daniel ein Botschafter Gottes sei, befahl er, daß dem jungen Mann Speis- und Räucheropfer dargebracht wurden.

Selbstverständlich war dieses Verhalten nicht auf Daniel persönlich gemünzt. Nebukadnezar brachte die Opfer, den Weihrauch und sein eigenes Niederfallen dem Gott Daniels dar, der diesem Weisheit und Verstand gegeben hatte. Er betete Gott in der gleichen Weise an, in der er gewöhnlich seinen eigenen Gott Marduk anbetete.

Wir dürfen hier keinem Mißverständnis unterliegen und meinen, daß Daniel sich als Gott verehren ließ. Er wußte, daß der Empfänger der Verehrung des Königs tatsächlich Gott selber war und nicht er.

Danach gab Nebukadnezar Daniel eine hohe Stellung, machte ihn zum Fürsten über alle Provinzen Babyloniens und setzte ihn zum Obersten über alle seine Weisen. Darüber hinaus bestimmte Nebukadnezar auf Daniels Bitte Schadrach, Meschach und Abed-Nego, die mit Daniel gebetet hatten, zu Verwaltungsbeamten über die Provinzen Babyloniens.

Betrachten Sie, wie sich die Umstände Daniels gewandelt haben. Er begann als ein Gefangener mit einer dreijährigen Ausbildung an der königlichen Schule und stand in Gefahr, sein Leben aufgrund der Unruhe, die Nebukadnezars Traum hervorbrachte, zu verlieren. Aber als er sich mit seinen Freunden zum Gebet traf, empfing er die göttliche Offenbarung, die alle Bedrängnis in Segen verwandelte.

Das ist der Unterschied zwischen denen, die an Gott glauben, und denen, die nicht an Ihn glauben. Wenn Nichtchristen nicht in der Lage sind, die Schwierigkeiten zu überwinden, in die sie geraten, werden sie von dieser Not zu Tode gebracht. Christen können diesen Schwierigkeiten jedoch begegnen, indem sie gemeinsam mit anderen Christen beten. Deshalb können sie letztlich die Schwierigkeiten überwinden und das Wunder erleben, daß Gott alles gut hinausführt. Auf diese Weise empfangen die Gläubigen den in 5. Mose verheißenen Segen: Sie werden nicht zum Schwanz werden, sondern zum Kopf; sie werden nicht heruntersinken, sondern aufwärts steigen; sie werden nicht borgen, sondern verleihen.

Aus diesem Grund sind wir, die wir an Gott glauben, in allen Umständen unseres Lebens dankbar. Wenn wir Gutes empfangen, sind wir dankbar, und auch wenn uns Schlechtes begegnet, dürfen wir sicher sein, daß es sich zum Guten verändern wird.

3

Die drei Männer im Feuerofen

Nebukadnezars goldenes Bild
(3:1-7)

Der König Nebukadnezar ließ ein goldenes Bild machen sechzig Ellen hoch und sechs Ellen breit und ließ es aufrichten in der Ebene Dura im Lande Babel. Und der König Nebukadnezar sandte nach den Fürsten, Würdenträgern, Statthaltern, Richtern, Schatzmeistern, Räten, Amtleuten und allen Mächtigen im Lande, daß sie zusammenkommen sollten, um das Bild zu weihen, das der König Nebukadnezar hatte aufrichten lassen. Da kamen zusammen die Fürsten, Würdenträger, Statthalter, Richter, Schatzmeister, Räte, Amtleute und alle Mächtigen im Lande, um das Bild zu weihen, das der König Nebukadnezar hatte aufrichten lassen. Und sie mußten sich vor dem Bild aufstellen, das Nebukadnezar hatte aufrichten lassen. (Verse 1-3)

Im achtzehnten Jahr der Regierung Nebukadnezars und zwanzig Jahre nachdem Daniel ins Exil geführt worden war, ließ der König ein über 27 Meter hohes Standbild aufstellen und befahl, es anzubeten. Ich nehme an, daß dieses Bild dem Standbild glich, das Nebukadnezar in seinem Traum gesehen hatte. Wahrscheinlich war er durch Daniels Deutung, daß das goldene Haupt im Standbild des Traumes ihn selbst darstellte, so stolz geworden, daß er durch das Aufstellen des Standbildes seine Macht und Herrlichkeit zeigen wollte.

Als Grund zu dieser Annahme können wir die Tatsache festhalten, daß das Bild keinen Namen bekommen hat. Wenn es einen Götzen wie Marduk hätte darstellen sollen, wäre es nach diesem benannt worden. Deshalb denke ich, daß es das namenlose goldene Bild war, das Nebukadnezar in seinem Traum gesehen hatte.

Nebukadnezar ließ alle führenden Männer im Reich zur Einweihung des Standbildes zusammenrufen. Durch diese Zeremonie beabsichtigte er, seine Herrlichkeit zu zeigen und die politische Einheit des Reiches zu befestigen.

> Und der Herold rief laut: Es wird euch befohlen, ihr Völker und Leute aus so vielen verschiedenen Sprachen: Wenn ihr hören werdet den Schall der Posaunen, Trompeten, Harfen, Zithern, Flöten, Lauten und aller anderen Instrumente, dann sollt ihr niederfallen und das goldene Bild anbeten, das der König Nebukadnezar hat aufrichten lassen. Wer aber dann nicht niederfällt und anbetet, der soll sofort in den glühenden Ofen geworfen werden. Als sie nun hörten den Schall der Posaunen, Trompeten, Harfen, Zithern, Flöten und aller anderen Instrumente, fielen nieder alle Völker und Leute aus so vielen verschiedenen Sprachen und beteten an das goldene Bild, das der König Nebukadnezar hatte aufrichten lassen. (Verse 4-7)

Heute mögen wir es für absurd halten, daß der König seinem Volk befehlen konnte, ein Bild anzubeten. Aber

Nebukadnezar war der unumschränkte Herrscher des Babylonischen Reiches und besaß absolute Macht. Wer wagte es, sich seinem Befehl zu widersetzen? Weder der König noch seine Untertanen dachten, daß irgend jemand widerstreben würde, da die Strafe dafür der Tod im Feuerofen war. Kein Wunder, daß alle Mächtigen zur Huldigung erschienen!

Doch nicht alle beugten ihre Knie vor dem Bild.

Daniels Freunde
verweigern die Anbetung des Bildes
(3:8-12)

> Da kamen einige chaldäische Männer und verklagten die Juden, fingen an und sprachen zum König Nebukadnezar: Der König lebe ewig! Du hast ein Gebot ergehen lassen, daß alle Menschen niederfallen und das goldene Bild anbeten sollten, wenn sie den Schall der Posaunen, Trompeten, Harfen, Zithern, Flöten, Lauten und aller anderen Instrumente hören würden; wer aber nicht niederfiele und anbetete, sollte in den glühenden Ofen geworfen werden. Nun sind da jüdische Männer, die du über die einzelnen Bezirke im Lande Babel gesetzt hast, nämlich Schadrach, Meschach und Abed-Nego; die verachten dein Gebot und ehren deinen Gott nicht und beten das goldene Bild nicht an, das du hast aufrichten lassen.

Drei Männer aus der Menge standen an jenem Tag aufrecht, während sich alle anderen niederwarfen. Es waren Daniels drei Freunde: Schadrach, Meschach und Abed-Nego. Daniel wurde gerettet, weil er abwesend war. Aber seine drei Freunde konnten Gottes Gebot nicht übertreten: „Du sollst keine anderen Götter neben mir haben. Bete sie nicht an und diene ihnen nicht" (vgl. 2. Mose 20:3-5). Sie konnten alle anderen Gebote des Königs von Babylon halten, aber sie konnten unter keinen Umständen ein Gebot halten, das gegen Gottes Gebot verstieß. Das war ihr Glaube.

Ihr Glaube ist auch ein großes Vorbild für die Christen heute. Wenn eine Regierung Gesetze erläßt, müssen wir diesen Gesetzen gehorchen, solange sie nicht gegen die Gebote Gottes verstoßen. Es gibt keine Autorität, die nicht von Gott eingesetzt ist. Es steht Gott zu, Nationen einzusetzen und die Personen zu bestimmen, die sie regieren. Deshalb müssen wir selbst den eingesetzten Regierungen untertan sein (vgl. Römer 13:1).

Doch wenn die Regierungsgewalt uns drängt, Gott ungehorsam zu werden und uns drängt, einen Götzen anzubeten, indem sie andere Götter an die Stelle Gottes setzt, müssen wir Gott mehr gehorchen als der weltlichen Macht. Wir müssen sogar unser Leben riskieren, um das Bekenntnis unseres Glaubens festzuhalten.

Als Schadrach, Meschach und Abed-Nego Gott mehr gehorchten als Nebukadnezar, bekamen sie Schwierigkeiten. Diese Juden waren ein Dorn in den Augen der Mächtigen Babyloniens, weil sie ehemalige Gefangene waren, die nun in der Gunst des Königs standen. Deshalb waren sie argwöhnisch von den Babyloniern beobachtet worden, ob nicht ein Fehler an ihnen zu finden sei.

Sofort brachten sie ihre Anklage vor den König. Und diese Anklage war von schwerem Gewicht. Sie brachten drei Punkte gegen Daniels Freunde vor.

Die erste Beschuldigung lautete, daß sie dem König

keine Ehrerbietung zollten. Die zweite Beschuldigung war, daß sie nicht dem Gott des Königs dienten. Die dritte Anklage beinhaltete, daß sie nicht das durch den König errichtete Standbild verehrten.

Mit anderen Worten, die Anklage gegen sie lautete, daß die Juden keinen Respekt vor dem König besäßen, ihm nicht mehr dienten und gegen ihn öffentlich opponierten. Dieses ihr Verhalten war eine Verletzung der königlichen Souveränität und Autorität, kurz gesagt, es war Verrat. Um seiner Würde und Ehre willen mußte Nebukadnezar die drei bestrafen.

Das Bekenntnis des Glaubens der Freunde Daniels (3:13-18)

> Da befahl Nebukadnezar mit Grimm und Zorn, Schadrach, Meschach und Abed-Nego vor ihn zu bringen. Und die Männer wurden vor den König gebracht. Da fing Nebukadnezar an und sprach zu ihnen: Wie? Wollt ihr, Schadrach, Meschach und Abed-Nego, meinen Gott nicht ehren und das goldene Bild nicht anbeten, das ich habe aufrichten lassen? Wohlan, seid bereit! Sobald ihr den Schall der Posaunen, Trompeten, Harfen, Zithern, Flöten, Lauten und aller anderen Instrumente hören werdet, so fallt nieder und betet das Bild an, das ich habe machen lassen! Werdet ihr's aber nicht anbeten, dann sollt ihr sofort in den glühenden Ofen geworfen werden. Laßt sehen, wer der Gott ist, der euch aus meiner Hand erretten könnte! (Verse 13-15)

Als Nebukadnezar dachte, daß sein Ansehen bei seinen Untertanen und den ausländischen Diplomaten gefährdet werden könnte, kannte sein Zorn keine Grenzen, auch wenn Schadrach, Meschach und Abed-Nego über 15 Jahre als Regierungsbeamte gedient hatten. Während dieser Zeit hatten sie sich durch ihre Arbeit ein hohes Ansehen erworben, das sich auf ihre Weisheit und ihre Barmherzigkeit gründete. Wenn sie niedrige Beamte gewesen wären, hätte sie Nebukadnezar augenblicklich in den Feuerofen werfen lassen. Da sie aber hochstehende Beamte waren, die innerhalb und außerhalb des Reiches großen Respekt genossen, unterdrückte Nebukadnezar seinen rasenden Zorn und gab ihnen eine zweite Chance.

Die Worte des Königs an sie bedeuteten im wesentlichen: ,,In der Vergangenheit offenbarte mir der Gott der Juden die Deutung meines Traums durch Daniel. Doch kann er euch jetzt aus dem Feuerofen retten?'' Das war die letzte Chance, die er ihnen geben und dabei sein Gesicht wahren konnte.

Die anwesenden Babylonier und ausländischen Gäste hielten den Atem an und beobachteten gespannt die weitere Entwicklung. Ich kann mir vorstellen, daß das Angesicht des Königs rot vor Ärger wurde. Währenddessen sangen die Babylonier, die die drei Juden angeklagt hatten, ein Triumphlied in ihren Herzen.

> Da fingen an Schadrach, Meschach und Abed-Nego und sprachen zum König Nebukadnezar: Es ist nicht nötig, daß wir dir darauf antworten. Wenn unser Gott, den wir verehren, will, so kann er uns erretten; aus dem glühenden Ofen und aus deiner Hand, o König, kann er erretten. Und wenn er's nicht tun will, so sollst du dennoch wissen, daß wir deinen Gott nicht ehren und das goldene Bild, das du hast aufrichten lassen, nicht anbeten wollen. (Verse 16-18)

Was für ein feierliches und kühnes Bekenntnis des Glaubens! Zahlreiche Märtyrer und Heilige, die in der Geschichte der Christenheit Verfolgung erlitten, faßten Mut aus der Intensität des Glaubens und dem kühnen Bekenntnis der drei Männer. Ihr Glaubensbeispiel sollte auch uns inspirieren und ermutigen.

Ein zorniger König
(3:19-23)

> Da wurde Nebukadnezar voll Grimm, und der Ausdruck seines Angesichts veränderte sich gegenüber Schadrach, Meschach und Abed-Nego, und er befahl, man sollte den Ofen siebenmal heißer machen, als man sonst zu tun pflegte. Und er befahl den besten Kriegsleuten, die in seinem Heer waren, Schadrach, Meschach und Abed-Nego zu binden und in den glühenden Ofen zu werfen. Da wurden diese Männer in ihren Mänteln, Hosen, Hüten, in ihrer ganzen Kleidung, gebunden und in den glühenden Ofen geworfen. Weil das Gebot des Königs so streng war, schürte man das Feuer im Ofen so sehr, daß die Männer, die Schadrach, Meschach und Abed-Nego hinaufbrachten, von den Feuerflammen getötet wurden. Aber die drei Männer, Schadrach, Meschach und Abed-Nego, fielen hinab in den glühenden Ofen, gebunden wie sie waren.

Als Nebukadnezar das Bekenntnis der drei Israeliten zu ihrem Glauben hörte, wurde er so wütend, daß sich seine Gesichtsfarbe veränderte. Die Personen in der Nähe des Königs erbebten, weil sie wußten, daß das Unglück über sie alle hereinbrechen konnte.

Dennoch glaube ich, daß Schadrach, Meschach und Abed-Nego, deren Schicksal am seidenen Faden hing, ruhig und entspannt waren. Sie glaubten fest, daß Gott sie leicht vor dem Feuerofen retten konnte. Ihre würdevolle Haltung zeigte aber auch, daß selbst dann, wenn Gott sie nicht retten wollte, sie niemals dazu gebracht werden konnten, das Bild anzubeten.

Diese drei Männer liebten Gott wirklich. Ihre große Liebe zu Gott machte sie bereit, eher für Gott zu sterben, als Verrat an ihrem Glauben zu begehen. Das sollten wir von ihnen lernen: Auch wenn uns die gleiche Notlage begegnen sollte, die uns dazu zwingt, Jesus auf Kosten unseres Lebens zu bekennen, sollten wir niemals im Bekenntnis unseres Glaubens schwanken.

Im Laufe des Lebens fallen wir wegen unserer Schwachheit manchmal in Sünde. Aber wenn wir zu Gott zurückkommen und unsere Sünde bekennen, vergibt er uns. Wenn wir in diesem Bereich Kompromisse schließen und das Gebot übertreten „Du sollst keine anderen Götter neben mir haben", ist Gott außerordentlich betrübt, weil es sich um eine Angelegenheit handelt, die Seine Majestät betrifft.

Deshalb dürfen wir, wenn wir von Menschen geprüft werden, die uns dazu verführen wollen, anderen Göttern zu dienen, keine Kompromisse eingehen. Vielmehr müssen wir selbst auf die Gefahr unseres eigenen Lebens widerstehen. Das ist der wesentliche Grund, warum Christen sich nie von der jetzt untergehenden Ideologie des Kommunismus umgarnen ließen. Kommunisten verneinen die Existenz Gottes und beten ihre Ideologie als Gott an. Deshalb können wir auch keinerlei Bekenntnis zum Kommunismus ablegen.

x man könnte auch sagen: „... an ihrem gott ..."

Zorn führt zur Torheit

In seinem Zorn herrschte Nebukadnezar seine Untergebenen an: „Macht den Feuerofen siebenmal heißer als
gewöhnlich!" Zorn wird immer von solchen Torheiten
begleitet. In der Stille des Herzens können wir weise
Worte sprechen, sind wir aber zornig, geben wir nur
Törichtes von uns.

Hier machte der Zorn Nebukadnezar zu einem Nar-
ren, weil sein Befehl völlig unsinnig war. Wenn er die
Qualen der drei Männer vergrößern wollte, hätte er den
Feuerofen weniger heiß machen dürfen, so daß sie nicht
sofort getötet worden wären. Aber er tat genau das
Gegenteil.

Voller Zorn machte Nebukadnezar weiter dumme
Äußerungen und ordnete törichte Dinge an. Beachten
Sie, daß der König den Befehl gab, die drei in die *Mitte*
des Feuers zu werfen. Wenn die drei Männer in die *Öff-*
nung des Ofens geworfen worden wären, hätte dies seinem Ziel genauso gedient. Es war eben eine Entscheidung im Zorn.

Im Gehorsam gegen den Befehl des Königs hatten
mehrere Soldaten die drei Männer einzeln hochzuneh-
men und in den Ofen zu werfen. Das Ergebnis war der
unglückliche Tod der Soldaten, die von dem Feuer ver-
zehrt wurden, während sie den Befehl ausführen wollten. So war der Zorn des Königs nicht nur töricht, sondern endete auch in einer Tragödie.

Obwohl dies lediglich ein kleines Beispiel ist, können wir daraus eine wichtige Lektion lernen: Wir dürfen
unter keinen Umständen Entscheidungen im Zorn und
Ärger treffen. Eine im Zorn getroffene Entscheidung
wird zum Fehlschlag.

Der vierte Mann
(3:24-27)

Da entsetzte sich der König Nebukadnezar, fuhr auf
und sprach zu seinen Räten: Haben wir nicht drei Männer gebunden in das Feuer werfen lassen? Sie antworte-
ten und sprachen zum König: Ja, König. Er antwortete
und sprach: Ich sehe aber vier Männer frei im Feuer
umhergehen, und sie sind unversehrt; und der vierte
sieht aus, als wäre er ein Sohn der Götter. Und Nebukadnezar trat vor die Tür des glühenden Ofens und
sprach: Schadrach, Meschach und Abed-Nego, ihr
Knechte Gottes des Höchsten, tretet heraus und kommt
her! Da traten Schadrach, Meschach und Abed-Nego
heraus aus dem Feuer. Und die Fürsten, Würdenträger,
Statthalter und Räte des Königs kamen zusammen und
sahen, daß das Feuer den Leibern dieser Männer nichts
hatte anhaben können und ihr Haupthaar nicht versengt
und ihre Mäntel nicht versehrt waren; ja, man konnte
keinen Brand an ihnen riechen.

Als die drei Männer auf Befehl Nebukadnezars — des
Königs von Babylonien, der solch eine Macht in Händen
hatte, daß er der ganzen Welt seinen Willen diktieren
konnte — in den Feuerofen geworfen wurden, nahm
jeder einschließlich des Königs selbst an, daß die
drei Männer sterben würden. Aber der Mensch, der
mit Gott lebt, stirbt nicht. Nur die Fesseln, mit
denen die drei Männer gebunden waren, verbrannten im
Feuer.

Die Fessel ist ein Symbol königlicher Macht, die die
gesamte damalige Welt beherrscht. Nur dieses Symbol
der Macht war wie Stroh verbrannt, während Schadrach, Meschach und Abed-Nego in der Mitte des
Feuers umhergingen. Dann sah Nebukadnezar erstaunt

einen vierten Mann gleich einem „Sohn der Götter" mit ihnen im Feuer umhergehen (Vers 25).

Menschliches Tun kann nicht verhindern, was Gott tut. Gott beobachtete im Himmel dieses Ereignis, und Er hörte auch das unnachgiebige Bekenntnis von Schadrach, Meschach und Abed-Nego.

Wir sehen, Nebukadnezar benutzte den Ausdruck „ein Sohn der Götter", ohne zu wissen, wer der Mann war. Aber der vierte Mann im Feuer war, wie ich meine, Jesus Christus. Als die Männer zum Ofen geschleift wurden, muß der Sohn zum Vater gesagt haben: „Vater, ich werde hinunter auf die Erde gehen. Wir können die drei, die solch einen kompromißlosen Glauben haben, nicht sterben lassen. Wir müssen ihnen zeigen, daß der Gott des Universums lebt." Dann, als Schadrach, Meschach und Abed-Nego auf Befehl des zornigen Nebukadnezars in das Feuer geworfen wurden, sprang auch der Sohn Gottes ins Feuer.

Was sollte dem Gott unmöglich sein, der Himmel und Erde gemacht hat?

So wie Er später den Elementen befahl und machte, daß der fürchterliche Sturm sich legte, befahl Er auch dem Feuer, daß es den Kindern Gottes nichts anhaben konnte, wie heiß es auch immer brannte.

Diese Begebenheit sollte uns daran erinnern, wenn wir Verfolgung leiden, daß wir Jesus begegnen. Wenn wir vor dem Herrn mit kompromißlosem Glauben stehen, wird dieser vierte Mann, Jesus Christus, immer bei uns sein: „Siehe, ich bin bei euch alle Tage, bis an der Welt Ende" (Matthäus 28:20).

Auch heute noch will uns Gott auf wunderbare Weise aus dem Feuer erretten.

Er, der das Feuer geschaffen hat, sollte Er nicht auch Herr über das Feuer sein?

51

Eine königliche Aufforderung

Nebukadnezar war sprachlos vor Erstaunen, als er sah, daß die Fesseln, die ein Symbol seiner Macht, Herrlichkeit und Würde waren, verbrannten, während die drei Männer, deren Hinrichtung er befohlen hatte, frei umhergingen. Er erkannte, daß seine Macht und Autorität nicht von ihm selbst stammte, sondern von Gott.

Kein Sperling wird auf die Erde fallen, ohne daß es der Wille Gottes ist. Als Pilatus Jesus fragte: „Weißt du nicht, daß ich Macht habe, dich loszugeben, und Macht habe, dich zu kreuzigen?" antwortete Jesus: „Du hättest keine Macht über mich, wenn sie es dir nicht von oben her gegeben wäre" (vgl. Johannes 19:10-11). Weder Pilatus noch Nebukadnezar noch irgendein anderer Herrscher hat Macht über das Volk Gottes, außer daß Gott sie ihnen gibt.

Als der König und seine Mächtigen bemerkten, was geschehen war, verwandelte sich der Zorn des Königs in Furcht. Mit zitternder Stimme forderte er sie auf, herauszukommen und nannte sie „Diener des höchsten Gottes" (Vers 26).

Die drei Männer, die das hörten, kamen sofort heraus, und der vierte Mann verschwand. Sie gehorchten diesem Befehl, obwohl der König sie in den Feuerofen hatte werfen lassen, weil seine Macht zur Herrschaft über Babylonien dennoch von Gott stammte. Obwohl sie dem königlichen Befehl, einen Götzen anzubeten, unter keinen Umständen entgegen dem Gebot Gottes gehorchen konnten, folgten sie dennoch, weil es ihre Pflicht als Untergebene des Königs war, nach dem Willen Gottes den anderen Befehlen des Königs.

Auch wir sollten ihrem Beispiel folgen. Während wir in dieser Welt leben, verkünden wir das Evangelium mit all unserer Kraft und versuchen, unsere Umgebung nach unserer Vision im Rahmen des Möglichen zu verändern. Aber wir haben auch die Pflicht, uns der Regierung unterzuordnen, die wir gewählt haben.

Wenn natürlich ein offizieller Befehl die Anordnung enthält, Gott zu verraten, müssen wir widerstehen bis zum Tode. Andererseits müssen wir uns jedoch unterordnen und für die politischen Führer in unserem Land beten. Sie sind Menschen wie wir auch, und deshalb müssen wir ihnen mit unseren Gebeten helfen, damit sie von Gott Weisheit und Verstand erhalten, um einen Staat zu regieren.

Als Schadrach, Meschach und Abed-Nego aus dem Feuerofen kamen, drängten sich der König und seine Mächtigen um die drei Männer, um ihre Kleider und ihre Körper zu betasten.

Während sie feststellten, daß das Feuer sie nicht beschädigt hatte, waren sie auch überrascht, daß nicht der geringste Brandgeruch an ihnen haftete. Der König wunderte sich: ,,Wie kann auf dieser Erde so etwas möglich sein?"

Nebukadnezar lobt Gott
(3:28-30)

> Da fing Nebukadnezar an und sprach: Gelobt sei der Gott Schadrachs, Meschachs und Abed-Negos, der seinen Engel gesandt und seine Knechte errettet hat, die ihm vertraut und des Königs Gebot nicht gehalten

haben, sondern ihren Leib preisgaben; denn sie wollten keinen anderen Gott verehren und anbeten als allein ihren Gott! So sei nun dies mein Gebot: Wer unter allen Völkern und Leuten aus so vielen verschiedenen Sprachen den Gott Schadrachs, Meschachs und Abed-Negos lästert, der soll in Stücke gehauen und sein Haus zu einem Schutthaufen gemacht werden. Denn es gibt keinen andern Gott als den, der so erretten kann. Und der König gab Schadrach, Meschach und Abed-Nego große Macht im Lande Babel.

Zuletzt lobte Nebukadnezar den einzig wahren Gott. Er ging sogar so weit, diejenigen zu bedrohen, die in seinem Reich gegen Gott sprachen.

Beachten Sie, daß im Denken des Königs Gott der Gott von Schadrach, Meschach und Abed-Nego geworden war — dem persönlichen Gott dieser Männer. In einer ähnlichen Weise sagt die Bibel, daß Gott der Gott Abrahams, Isaaks und Jakobs ist, denn von jedem dieser drei Patriarchen war Gott in ihrem Leben persönlich erfahren worden.

Gott möchte auch Ihr persönlicher Gott werden. Sie sollten ein solches Leben führen, daß andere Menschen von Gott als von *Ihrem* Gott sprechen. Die Menschen sollten Ihren Namen hinter den Namen Gottes setzen. Wenn der lebendige Gott in Ihr eigenes Leben kommt, so daß Sie Ihn persönlich erfahren, geschehen Zeichen und Wunder.

Betrachten Sie, daß Nebukadnezar zwar den Befehl gab, daß niemand irgend etwas gegen Gott sagen durfte, er jedoch nicht erklärte, daß jeder an Gott glauben sollte. Dies ist ein Anzeichen dafür, daß er in seinem Herzen noch stolz war. Später jedoch werden wir sehen, daß er Gott vollständig nachgibt und bekennt, daß jedermann an Ihn glauben sollte.

Was war das Ergebnis dieser Begebenheit mit dem Feuerofen? Der König beförderte Schadrach, Meschach und Abed-Nego. Folglich wurde das ganze Königreich Babylonien von einer Handvoll Juden im Exil geleitet. Daniel und seine drei Freunde nahmen alle Schlüsselpositionen im Reich ein.

Dieser Bericht zeigt lebhaft, daß, wenn Gott mit uns ist, wir zum Haupt werden, wer auch immer wir sein mögen. So müssen wir uns nicht sorgen, weil denen, die Gott lieben, alle Dinge zum Besten dienen (vgl. Römer 8:28).

4

Nebukadnezars Wahnsinn und Wiederherstellung

Nebukadnezars zweiter Traum
(3:31-33)

> König Nebukadnezar allen Völkern, Leuten aus so vielen verschiedenen Sprachen auf der ganzen Erde: Viel Friede zuvor! Es gefällt mir, die Zeichen und Wunder zu verkünden, die Gott der Höchste an mir getan hat. Denn seine Zeichen sind groß, und seine Wunder sind mächtig, und sein Reich ist ein ewiges Reich, und seine Herrschaft währet für und für.

Immer wieder offenbarte sich Gott Nebukadnezar durch Träume. In Daniel 2 zeigte Er ihm durch den Traum des goldenen Bildes, was in Zukunft geschehen würde, und Daniel deutete für ihn den Traum.

Das Ende von Kapitel 3 und Kapitel 4 steht im Zusammenhang mit Nebukadnezars Erlaß über ein Strafgericht Gottes, das einen siebenjährigen Wahnsinn des Königs zur Folge hatte. Als Nebukadnezar vollständig geheilt war, war er derartig überwältigt und voller

Dankbarkeit, daß er den Erlaß herausgab, Gott anzubeten.

Der König vertraut der Deutung Daniels (4:1-6)

Ich, Nebukadnezar, hatte Ruhe in meinem Hause und lebte zufrieden in meinem Palast. Da hatte ich einen Traum, der erschreckte mich, und die Gedanken, die ich auf meinem Bett hatte, und die Gesichte, die ich gesehen hatte, beunruhigten mich. Und ich befahl, daß alle Weisen Babels vor mich gebracht würden, damit sie mir sagten, was der Traum bedeutete. Da brachte man herein die Zeichendeuter, Weisen, Gelehrten und Wahrsager, und ich erzählte den Traum vor ihnen; aber sie konnten mir nicht sagen, was er bedeutete, bis zuletzt Daniel vor mich trat, der Beltschazar heißt nach dem Namen meines Gottes und der den Geist der heiligen Götter hat. Und ich erzählte vor ihm den Traum: Beltschazar, du Oberster unter den Zeichendeutern, von dem ich weiß, daß du den Geist der heiligen Götter hast und dir nichts verborgen ist, sage, was die Gesichte meines Traumes, die ich gesehen habe, bedeuten.

Wir können daraus schließen, daß selbst ein gottloser Mann wie Nebukadnezar stark genug in seinem Herzen getroffen wurde, um an Gott zu glauben, wenn man bedenkt, daß er einen Mann wie Daniel zum Obersten aller Regierungsbeamten bestimmte — einen Mann von reinem und wahrhaftigem Glauben, der jeden Morgen und jeden Abend Zwiesprache mit Gott hielt. Unser Einfluß als Christen ist größer als wir meinen. Deshalb sagt Paulus: ,,Denn der ungläubige Mann ist geheiligt durch die Frau, und die ungläubige Frau ist geheiligt

auch Glauben ist ein Geschenk, eine Gabe Gottes.

58

durch den Mann" (1. Korinther 7:14). Die Gemeinschaft in der Ehe verkörpert den größten Einfluß dieser Art. Demgemäß, wenn ein Ehepartner Glauben besitzt, wird der andere Ehepartner notwendigerweise davon angesteckt.

Der Einfluß eines Christen ist mit dem Senfkorn zu vergleichen. Es sieht klein aus, aber wenn es ausgesät wird, wächst es zu einem großen Baum heran. Unser Einfluß ist auch wie Sauerteig. Nur ein klein wenig Sauerteig in einem großen Teigkübel reicht aus, um den ganzen Teig zu durchsäuern.

Unter dem Einfluß von Daniels Glaube wurde der eigensinnige und gottlose Nebukadnezar ein neuer Mensch, nachdem er von seinem Wahnsinn geheilt worden war. Sein Unglaube war vollständig zerbrochen, und er wurde zu einem Anbeter Gottes. Die Begrüßung am Anfang seines Erlasses und die Aufforderung zum Lob Gottes gleichen sogar der Begrüßung und den Anfangsaussagen in den neutestamentlichen Briefen des großen Glaubensmannes Paulus: „Viel Friede zuvor!" (3:31) ... „Denn seine Zeichen sind groß, und seine Wunder sind mächtig" (3:33).

Für einen heidnischen Herrscher war die Festigung seines Königreichs und die Sicherung des Throns für zukünftige Generationen eine vorrangige Angelegenheit. Doch statt dessen bekannte Nebukadnezar, daß *Gottes* Reich „ein ewiges Reich ist, und seine Herrschaft für und für währet" (3:33).

Das ist eine außerordentliche Veränderung. Nebukadnezar war für den Untergang Israels verantwortlich. Er hatte eine Armee zur Eroberung des Staates und zur Zerstörung des Tempels Gottes ausgesandt. Doch durch

Daniel, einen Gefangenen, den er an seinen Hof gebracht hatte, kam er zum Glauben an Gott und fing an, Ihn zu loben.

Das ist die Kraft des Glaubens. Als Jesus das Bekenntnis des Glaubens von Petrus hörte, antwortete Er: „Auf diesen Felsen will ich meine Gemeinde bauen, und die Pforten der Hölle sollen sie nicht überwältigen" (Matthäus 16:18). Wer ist dieser Felsen? Es ist jemand, der wie Petrus bekennt: „Du bist Christus, der Sohn des lebendigen Gottes" (Matthäus 16:16). Jeder, der heute glaubt und bekennt „Du bist Christus, der Sohn des lebendigen Gottes", ist der gleiche Felsen, und auf diesen Felsen baut Jesus Seine Gemeinde.

Weiterhin bezeichnet sich Jesus als der Stein und erklärt: „Und wer auf diesen Stein fällt, der wird zerschellen; auf wen aber er fällt, den wird er zermalmen" (Matthäus 21:44). Jesus wohnt in Ihnen und in mir. Wenn also Nichtchristen auf Christen „stoßen", werden sie geistlich „zerschellen" und zur Buße gebracht.

Natürlich sprechen wir hier von den Nachfolgern Jesu, die fest im Glauben stehen und bei denen Jesus das Zentrum ihres Lebens ist. Es ist traurig genug, daß es eine Art von Christen gibt, die ein schlimmeres Leben als Nichtchristen führen, obwohl sie vielleicht ihren Glauben an Jesus Christus bekennen. Solch eine Person ist eine Schande für Ihn.

Die Bibel sagt: „So ist auch der Glaube, wenn er nicht Werke hat, tot in sich selber" (Jakobus 2:17) und „Du sollst deinen Nächsten lieben wie dich selbst" (Matthäus 22:39). Gott und den Nächsten zu lieben sind die Grundprinzipien des christlichen Glaubens.

Warum betont die Bibel nachdrücklich den Glauben,

Wie wahr!

der Werke hat? Durch Glauben, der Werke besitzt, können wir unseren Nächsten Gott schauen lassen. König Nebukadnezar aus dem heidnischen Babylonien sah den Gott von Schadrach, Meschach, Abed-Nego und Daniel. Weil ihr Glaube Werke hervorbrachte, konnte er wie diese Kinder Gottes werden.

Das gleiche gilt auch heute. Die Menschen in unserer Umgebung beobachten uns. Ob wir Älteste und Presbyter, leitende Diakonin oder Diakon sind, ob wir ein Hausgruppenleiter oder ein Gemeindeglied ohne Leiterschaftsverantwortung sind, die Menschen beobachten unser Verhalten. Sie möchten Gott in uns sehen.

Inmitten dieser Welt mit all ihren Problemen gibt es niemanden, an den sie sich wenden können, und deshalb wollen sie an unseren Gott glauben. Machen Sie Ihnen Gott sichtbar, wie es Daniel und seine Freunde taten. Zeigen Sie ihnen Gott, ihren Schöpfer, durch Glauben und Verhalten, das sich dem Namen der Kinder Gottes als würdig erweist. „So laßt euer Licht leuchten vor den Leuten, damit sie eure guten Werke sehen und euren Vater im Himmel preisen" (Matthäus 5:16).

Zur Verherrlichung Christi sollte das die Haltung eines Christen sein: Wenn jemand uns auffordert, eine Meile mitzugehen, sollten wir zwei mit ihm gehen; wenn jemand unseren Rock nehmen will, dem sollten wir auch den Mantel lassen; wenn jemand uns auf die rechte Backe schlägt, dem sollten wir auch die linke hinhalten (vgl. Matthäus 5:39-41). In den Augen der Menschen dieser Welt mag uns dieses Verhalten zu Verlierern machen. Aber wenn Gott für uns ist, wer kann dann gegen uns sein? (vgl. Römer 8:31). Wir werden Gott als unsere Stärke haben, und Er wird uns segnen.

Deshalb müssen wir sorgfältig an dem Vorbild lernen, das Daniel uns vorgegeben hat. Sein Glaube besaß eine solche Redlichkeit, die sogar den heidnischen König Nebukadnezar beeindruckte und ihm Gott sichtbar machte. Auf diese Weise, durch die Qualität seines Lebens, war Daniel ein vorzüglicher Prediger Gottes. Ich bete im Namen Jesu, daß auch Sie solch ein kostbarer Heiliger wie Daniel werden, der Gott in Seinem täglichen Leben widerspiegelt.

Der Inhalt des Traums
(4:7-15)

> Dies sind aber die Gesichte, die ich gesehen habe auf meinem Bett: Siehe, es stand ein Baum in der Mitte der Erde, der war sehr hoch. Und er wurde groß und mächtig, und seine Höhe reichte bis an den Himmel, und er war zu sehen bis ans Ende der ganzen Erde. Sein Laub war dicht und seine Frucht reichlich, und er gab Nahrung für alle. Alle Tiere des Feldes fanden Schatten unter ihm, und die Vögel des Himmels saßen auf seinen Ästen, und alles Fleisch nährte sich von ihm. (Verse 7-9)

Bis zu diesem Punkt muß der Traum des Königs erfreulich gewesen sein und seine Bedeutung für die Traumdeuter nicht schlecht, um ihn auszulegen. Aber plötzlich wurde der Traum zum Alptraum.

> Und ich sah ein Gesicht auf meinem Bett, und siehe, ein heiliger Wächter fuhr vom Himmel herab. Der rief laut und sprach: Haut den Baum um und schlagt ihm die Äste weg, streift ihm das Laub ab und zerstreut seine Frucht, daß die Tiere, die unter ihm liegen, weg-

laufen und die Vögel von seinen Zweigen fliehen. Doch läßt den Stock mit seinen Wurzeln in der Erde bleiben; er soll in eisernen und ehernen Ketten auf dem Felde im Grase und unter dem Tau des Himmels liegen und naß werden und soll sein Teil haben mit den Tieren am Gras auf der Erde. Und das menschliche Herz soll von ihm genommen und ein tierisches Herz ihm gegeben werden, und sieben Zeiten sollen über ihn hingehen. Dies ist im Rat der Wächter beschlossen und ist Gebot der Heiligen, damit die Lebenden erkennen, daß der Höchste Gewalt hat über die Königreiche der Menschen und sie geben kann, wem er will, und einen niedrigen darüber setzen. Solch einen Traum hab ich, König Nebukadnezar, gehabt; du aber, Beltschazar, sage, was er bedeutet. Denn alle Weisen in meinem Königreich können mir nicht kundtun, was er bedeutet; du aber kannst es, denn der Geist der heiligen Götter ist bei dir. (Verse 10-15)

Die donnergleiche Stimme vom Himmel zerstörte die Friedfertigkeit des Traums, und Nebukadnezar erschrak fürchterlich. Als er erwachte, wußte er, daß es sich um eine göttliche Offenbarung handelte. Deshalb ließ er alle Wahrsager, Zauberer und Astrologen Babyloniens rufen, damit sie ihm den Traum deuteten. Aber keiner von ihnen war dazu in der Lage, weil Dämonen eine göttliche Offenbarung nicht deuten können.

Daran sollten wir denken, wenn wir beten. Wenn wir in unserer menschlichen Sprache beten, wird unser Gebet von Gott und dem Teufel verstanden. Aber wenn wir in Zungen beten, wird unser Gebet nur von Gott allein verstanden, es sei denn, Gott schenkt eine Auslegung: „Denn wer in Zungen redet, der redet nicht für Menschen, sondern für Gott; denn niemand versteht ihn, vielmehr redet er im Geist von Geheimnissen" (1. Korinther 14:2).

Aus diesem Grunde sollte es unser Bestreben sein, häufig in dieser Weise zu beten, wenn wir vom Heiligen Geist erfüllt sind und in Zungen beten können. Es ist ein Gebet, das unser Geist unmittelbar Gott entgegenbringt und von großem Vorteil für uns ist.

Daniels Auslegung
(4:16-24)

> Da entsetzte sich Daniel, der auch Beltschazar heißt, eine Zeitlang, und seine Gedanken beunruhigten ihn. Aber der König sprach: Beltschazar, laß dich durch den Traum und seine Deutung nicht beunruhigen. Beltschazar fing an und sprach: Ach, mein Herr, daß doch der Traum deinen Feinden und seine Deutung deinen Widersachern gelte! (Vers 16)

Da keiner der Zeichendeuter und Wahrsager in der Lage war, ihm den Traum zu deuten, ließ Nebukadnezar Daniel rufen. Als aber Daniel die Deutung des Traums erkannte, war er so erschrocken, daß er eine Zeitlang nicht sprechen konnte. Der König mußte Daniel ermutigen, sich keine Sorgen zu machen, sondern die Deutung des Traums mitzuteilen. Dadurch beruhigt, begann Daniel den Traum auszulegen und wünschte sich dabei, daß die Geschehnisse des Traums nicht an dem König in Erfüllung gehen würden.

> Der Baum, den du gesehen hast, der groß und mächtig wurde und dessen Höhe an den Himmel reichte und der zu sehen war auf der ganzen Erde, dessen Laub dicht und dessen Frucht reichlich war, so daß er Nahrung für alle gab, unter dem die Tiere des Feldes wohnten und

auf dessen Ästen die Vögel des Himmels saßen — das bist du, König, der du so groß und mächtig bist; denn deine Macht ist groß und reicht bis an den Himmel und deine Gewalt bis ans Ende der Erde. (Verse 17-19)

So weit war die Deutung mehr freundlich als beunruhigend. Doch dann fuhr Daniel fort:

Daß aber der König einen heiligen Wächter gesehen hat vom Himmel herabfahren, der sagte: „Haut den Baum um und zerstört ihn, doch den Stock mit seinen Wurzeln laßt in der Erde bleiben; er soll in eisernen und ehernen Ketten auf dem Felde im Grase und unter dem Tau des Himmels liegen und naß werden und mit den Tieren des Feldes zusammenleben, bis über ihn sieben Zeiten hingegangen sind"; das, König, bedeutet — und zwar ergeht es als Ratschluß des Höchsten über meinen Herrn, den König —: man wird dich aus der Gemeinschaft der Menschen verstoßen, und du mußt bei den Tieren des Feldes bleiben, und man wird dich Gras fressen lassen wie die Rinder, und du wirst unter dem Tau des Himmels liegen und naß werden, und sieben Zeiten werden über dich hingehen, bis du erkennst, daß der Höchste Gewalt hat über die Königreiche der Menschen und sie gibt, wem er will. Wenn aber gesagt wurde, man solle dennoch den Stock des Baumes mit seinen Wurzeln übriglassen, das bedeutet: dein Königreich soll dir erhalten bleiben, sobald du erkannt hast, daß der Himmel die Gewalt hat. (Verse 20-23)

Zusammengefaßt offenbarte Daniel zuerst, daß der Baum Nebukadnezar darstellte. Als nächstes erklärte er, daß der vom Himmel Herabfahrende ein göttlicher Bote war, dessen Worte Mitteilung davon gaben, was mit dem König geschehen sollte, nämlich daß der König sieben Jahre lang geisteskrank sein und auf offenem Feld leben würde, um wie das Vieh Gras zu fressen und aus dem königlichen Palast vertrieben sein sollte. Dann, sagte Daniel, würde der Stolz des Königs gebrochen sein, und er würde die Allmacht Gottes anerkennen. Danach würde der König wieder auf seinen Thron zurückkehren.

> Darum, mein König, laß dir meinen Rat gefallen und mache dich los und ledig von deinen Sünden durch Gerechtigkeit und von deiner Missetat durch Wohltat an den Armen, so wird es dir lange wohlergehen. (Vers 24)

Danach gab Daniel dem König Nebukadnezar den Ratschlag, sein Leben zu ändern und gerecht zu handeln.

Wir sollten daran denken, daß es zur damaligen Zeit sehr schwer war, bei Königen Gerechtigkeit zu finden. Sie besaßen eine derartig absolute Macht, daß sie den Besitz ihrer Untertanen aus Lust und Laune beschlagnahmen konnten und sogar die Macht über Leben und Tod ihrer Untertanen in Händen hielten. Ihre Tyrannei kannte keine Grenzen.

Nebukadnezar hatte seine Macht zur Mobilisierung einer großen Anzahl armer Leute zur Zwangsarbeit benutzt, um die Stadt Babylon zu bauen. Sie waren schrecklich mißhandelt worden. Unter solchen Umständen riet Daniel dem König, mit der Unterdrückung dieser armen Leute Schluß zu machen.

Nebukadnezars Stolz
(4:25-27)

> Dies alles widerfuhr dem König Nebukadnezar. Denn nach zwölf Monaten, als der König auf dem Dach des

königlichen Palastes in Babel sich erging, hob er an und sprach: Das ist das große Babel, das ich erbaut habe zur Königsstadt durch meine große Macht zu Ehren meiner Herrlichkeit.

Als nächstes beschrieb Nebukadnezar, was tatsächlich mit ihm geschah. Zwölf Monate nach seinem Traum ging der König auf dem weitläufigen Flachdach seines Palastes umher und schaute auf die Stadt Babel hinunter.

Die Aussicht auf die Stadt, die ausgebreitet vor ihm lag, muß ringsumher eindrucksvoll und wunderbar gewesen sein. Moderne Archäologen, die die Stätte von Babel ausgegraben haben, erklären, daß Babylon eines der architektonischen Wunder der antiken Zivilisation gewesen ist, eine prachtvolle Stadt, erbaut durch die harte Arbeit der Menschen, die aus den eroberten Ländern gefangen und versklavt worden waren.

Indem er diesen Anblick genoß, lehnte der König sich stolz zurück und begann zu prahlen und sich zu rühmen. Was er äußerte, war den stolzen Worten Satans ähnlich, als dieser gegen Gott rebellierte. Aufgeblasen erhob er den Anspruch:

„Ich will in den Himmel steigen und meinen Thron über die Sterne Gottes erhöhen, ich will mich setzen auf den Berg der Versammlung im fernsten Norden. Ich will auffahren über die hohen Wolken und gleich sein dem Allerhöchsten" (Jesaja 14:13-14).

Wegen seiner stolzen Rebellion fiel Satan vom Himmel und wurde in die Hölle geworfen. Die Bibel sagt: „Wer zugrunde gehen soll, der wird zuvor stolz; und Hochmut kommt vor dem Fall" (Sprüche 16:18). Gott widersteht dem Hochmütigen und erhöht, wer demütigen Herzens ist — und zwar nicht nur unter Seinem auserwählten Volk, sondern auch unter den Heiden. Wir sollten deshalb nicht überrascht sein, daß Gott diesen Mann demütigte und daß der Stolz des Königs zu seinem Sturz führte.

Das veränderte Herz des Königs (4:28-30)

Sobald Nebukadnezar diese überheblichen Worte auf dem Palastdach ausgesprochen hatte, hörte er eine Stimme vom Himmel:

> Ehe noch der König diese Worte ausgeredet hatte, kam eine Stimme vom Himmel: Dir, König Nebukadnezar, wird gesagt: Dein Königreich ist dir genommen, man wird dich aus der Gemeinschaft der Menschen verstoßen, und du sollst bei den Tieren des Feldes bleiben; Gras wird man dich fressen lassen wie die Rinder, und sieben Zeiten sollen hingehen, bis du erkennst, daß der Höchste Gewalt hat über die Königreiche der Menschen und sie gibt, wem er will. (Verse 28-29)

Kaum waren diese Worte ausgesprochen, wurde Nebukadnezar das menschliche Herz genommen und ihm das Herz eines Tieres gegeben.

> Im gleichen Augenblick wurde das Wort erfüllt an Nebukadnezar, und er wurde verstoßen aus der Gemeinschaft der Menschen, und er fraß Gras wie die Rinder, und sein Leib lag unter dem Tau des Himmels und wurde naß, bis sein Haar wuchs so groß wie Adlerfedern und seine Nägel wie Vogelklauen wurden. (Vers 30)

Die völlige Umwandlung eines menschlichen Herzens kann tragisch sein, wie es bei diesem König der Fall war. Doch eine Veränderung kann auch ebenso eine andere Richtung nehmen und großen Segen hervorbringen. So erklärte zum Beispiel Johannes der Täufer in seiner Predigt: „Tut Buße, denn das Himmelreich ist nahe herbeigekommen" (Matthäus 3:2). Das bibelgriechische Wort für „tut Buße" bedeutet hier „die Gedanken des Herzens ändern" — eine Veränderung, die zur Erlösung führt.

Der Zustand unserer Herzen ist bedeutsam, weil unsere Herzen unser Verhalten bestimmen. Wenn Menschen mörderische Gedanken in ihren Herzen haben, werden sie wahrscheinlich auch zum Mörder werden. Wenn sich schmutzige und anzügliche Gedanken in ihre Herzen schleichen, werden sie es früher oder später in unmoralisches Handeln umsetzen.

Wenn aber andererseits ihre Herzen geheiligt sind, wird auch ihr Verhalten geheiligt sein. Wenn Glaube im Herzen von Menschen ist, werden sie sich auch dementsprechend glaubensgemäß verhalten. Wenn ihre Herzen positiv ausgerichtet und glücklich werden, sind Handlungen, die sie erfolgreich und siegreich machen, unweigerlich die Folge.

Das Herz muß verändert werden, bevor das Leben verändert werden kann. Und eine Veränderung der Umgebung oder des Milieus bringt nicht notwendigerweise eine Veränderung des Herzens mit sich. Statt dessen wird eine Veränderung des Herzens die Veränderung unserer Umgebung hervorrufen.

Die Bibel sagt: „Behüte dein Herz mit allem Fleiß, denn daraus quillt das Leben" (Sprüche 4:23). Das

Herz muß auf einem Kurs gehalten werden, daß Stolz keinen Besitz von ihm ergreifen kann. Und ein schlechtes Herz muß durch das Blut von Jesus Christus erneuert werden, um ein gutes Herz zu werden.

Wenn wir umkehren und unsere Herzen durch das Hören des Wortes Gottes in Jesus Christus verändern, wird unser Leben vollkommen anders. Deshalb sagte der Apostel Paulus: „Darum: Ist jemand in Christus, so ist er eine neue Kreatur; das Alte ist vergangen, siehe, Neues ist geworden" (2. Korinther 5:17). Wenn wir wiedergeboren werden, um positive, aktive und kreative Menschen zu werden, und wenn wir unsere Herzen mit wertvollen und siegreichen Dingen nach dem Wort Gottes füllen, wird unser Leben und auch unser Umfeld die gleiche Frucht hervorbringen.

Behalten Sie aus diesem Grunde den Heiligen Geist immer in Ihrem Herzen und lassen Sie Ihn darin regieren. Füllen Sie Ihr Herz mit dem Wort Gottes, so daß Ihr Glaube wachsen kann. Ihre Umgebung und Ihr Umfeld werden gleichermaßen in wunderbarer Weise nach dem Wachstum Ihres Glaubens verändert werden.

Nebukadnezar erkennt Gottes Herrschaft an (4:31-34)

Nach dieser Zeit hob ich, Nebukadnezar, meine Augen auf zum Himmel, und mein Verstand kam mir wieder, und ich lobte den Höchsten. Ich pries und ehrte den, der ewig lebt, dessen Gewalt ewig ist und dessen Reich für und für währt, gegen den alle, die auf Erden wohnen, für nichts zu rechnen sind. Er macht's, wie er will, mit den Mächten im Himmel und mit denen, die auf Erden wohnen. Und niemand kann seiner Hand wehren noch zu ihm sagen: Was machst du? Zur selben Zeit kehrte mein Verstand zu mir zurück, und meine Herrlichkeit und mein Glanz kamen wieder an mich zur Ehre meines Königreichs. Und meine Räte und Mächtigen suchten mich auf, und ich wurde wieder über mein Königreich eingesetzt und gewann noch größere Herrlichkeit. (Verse 31-33)

Wenn wir lesen, daß Nebukadnezar seine Augen zum Himmel erhob, dann ist das so zu verstehen, daß er sich Gott auslieferte und dahin gelangte, die Herrschaft Gottes anzuerkennen. Er erkannte nun vollständig, daß Gott ihn erhöhen oder erniedrigen und sein Leben erhalten oder dahingehen lassen konnte.

Dann verließ ihn das Herz des Tieres, und seine geistige Gesundheit war wiederhergestellt. Er fiel vor Gott nieder, betete Ihn an, dankte Ihm und lobte Ihn. Und er vertraute sein Leben dem allmächtigen Gott an.

Als er wiederhergestellt war, führte ihn eine Gruppe seiner Räte und Mächtigen, angeführt von Daniel, zurück auf den Thron und unterstellte sich ihm erneut als dem König. In der Tat war Daniel dafür verantwortlich, sicherzustellen, daß Nebukadnezar nach einer Abwesenheit von sieben Jahren wieder auf seinen Thron zurückkehren konnte.

Daniels Prophezeiung war von allen Leuten am Hof zur Kenntnis genommen worden. Sie wußten durch seine Worte, daß der Wahnsinn des Königs zeitlich begrenzt war, daß er als Herrscher zurückkehren würde und daß die gesamte Begebenheit durch göttliche Weisung geschehen war. Wenn Daniel dieses nicht prophezeit hätte, wäre der König gestorben. Seine Feinde würden dem Wahnsinnigen nach draußen gefolgt sein und hätten ihn getötet, um selbst den Thron einzunehmen. Aber weil Daniel prophezeite, was Gott tun würde, wagte es niemand, einen Mordanschlag zu unternehmen. Sie fürchteten sich vor Daniels Prophezeiung und vor dem Gott, den er anbetete.

> Darum lobe, ehre und preise ich, Nebukadnezar, den König des Himmels; denn all sein Tun ist Wahrheit, und seine Wege sind recht, und wer stolz ist, den kann er demütigen. (Vers 34)

Schließlich bereute Nebukadnezar seinen Stolz und tat Buße. Indem er Gottes Herrschaft anerkannte, wurde er zu einem Mann, der sein Vertrauen in Gott setzt.

Betrachten Sie an dieser Stelle einen wichtigen Punkt: Selbst ein solch gottloser und rücksichtsloser Mensch wie König Nebukadnezar wurde durch Daniels Gebet besiegt und dem Volk Gottes hinzugetan. Aus rein menschlicher Sicht mögen die Gebete Daniels als sinnloser Versuch erschienen sein, das Meer mit dem Fingerhut zu leeren. Dennoch lieferte sich dieser schreckliche König eines heidnischen Königreichs, der zuvor Marduk angebetet hatte und glaubte, über allen Göttern zu sein, schließlich an den wahren Gott aus. Diese Verwandlung spricht für die Ausdauer und Geduld der Gebete Daniels.

Wir sollten uns an Daniels Beispiel erinnern. Auch dann, wenn wir manchmal keine Antwort auf unsere Gebete zu erhalten scheinen, sollten wir nicht aufgeben. Daniel erhielt die Antwort auf seine Gebete nicht einmal innerhalb eines oder innerhalb von zwei Jahren. Er hatte zwanzig Jahre lang treu für König Nebukadnezar zu beten.

Unsere Gebete sind dazu bestimmt, beantwortet zu werden. Beten Sie darum mit kühnem Glauben. Wie die Schrift sagt: „Glaube an den Herrn Jesus, so wirst du und dein Haus gerettet werden" (Apostelgeschichte 16:31). Lassen Sie nicht nach im Gebet für die Erlösung Ihrer Familienmitglieder. Selbst der rücksichtslose Heide Nebukadnezar hat schließlich kapituliert. Wieviel mehr erst recht Ihre Angehörigen! Ich bete im Namen Jesu, daß Sie für Ihre Familienmitglieder im Glauben beten und schließlich die Antwort erhalten, nach der Sie sich sehnen.

5

Belsazars Gastmahl

Die Entweihung der Tempelgefäße
(5:1-4)

> König Belsazar machte ein herrliches Mahl für seine
> tausend Mächtigen und soff sich voll mit ihnen. Und als
> er betrunken war, ließ er die goldenen und silbernen
> Gefäße herbringen, die sein Vater Nebukadnezar aus
> dem Tempel zu Jerusalem weggenommen hatte, damit
> der König mit seinen Mächtigen, mit seinen Frauen und
> mit seinen Nebenfrauen daraus tränke. Da wurden die
> goldenen und silbernen Gefäße herbeigebracht, die aus
> dem Tempel, aus dem Hause Gottes zu Jerusalem, weg-
> genommen worden waren; und der König, seine Mäch-
> tigen, seine Frauen und Nebenfrauen tranken daraus.
> Und als sie so tranken, lobten sie die goldenen, silber-
> nen, ehernen, eisernen, hölzernen und steinernen
> Götter.

In diesem Text wird Nebukadnezar Belsazars Vater genannt, tatsächlich war er jedoch Belsazars Großvater. In
der aramäischen Sprache bedeutet das Wort, das wir mit
„Vater" übersetzen, oft auch „Stammvater", und
„Sohn" bedeutet häufig „Nachkomme".

König Belsazar war ein Vizekönig seines Vaters Nabonid, der sich in der Oasenstadt Tema aufhielt, um sich von einer Geisteskrankheit zu erholen.

Zu dieser Zeit erschien Darius, der König von Medien, mit einer riesigen medo-persischen Armee, um Babylon zu belagern. Aber Babylon galt als uneinnehmbare Stadt, gewaltig und fest gebaut. Und weil die Stadt für den Fall einer Belagerung Vorräte für mehrere Jahre gelagert hatte, verweigerte sie die Übergabe. Da außerdem der Euphrat unmittelbar an der Stadt vorbeifloß, erschien Babylon unbesiegbar.

Trotzdem war König Belsazar unruhig. Er fürchtete, daß die Soldaten und selbst die Generäle seiner Armee wegen der langen Zeit der Belagerung für die Stadt demoralisiert werden könnten. Der König überlegte angestrengt, wie er dieses Problem überwinden könnte und entschied sich schließlich zu einem Gastmahl für seine Untergebenen, um sie aufzuheitern und zu beruhigen. So ließ er ein großes Fest für tausend seiner Mächtigen vorbereiten.

Als er betrunken war, kam ihm eine törichte Idee. Er befahl seinen Dienern, die goldenen und silbernen Gefäße herbeizubringen, die früher im Tempel zu Jerusalem bei den Opferhandlungen für Gott in Gebrauch waren — Gefäße, die sein Großvater Nebukadnezar als Beutestücke mitgebracht hatte. Dann tranken Belsazar und die anderen Gäste zu Ehren ihrer heidnischen Götter Wein aus diesen Gefäßen.

Das war eine gotteslästerliche Entweihung. Nebukadnezar selbst hatte es nicht einmal gewagt, sie anzurühren, geschweige denn eine solche Handlung vorzunehmen. Doch Belsazar war so betrunken, daß er närrisch wurde und alle Gottesfurcht vergaß. Wie also konnte Gott sein Handeln und das Handeln der anderen Anwesenden übersehen?

In der Bibel sehen wir, daß, wenn Menschen eines der letzten sechs der Zehn Gebote verletzten — Gebote, die das menschliche Zusammenleben regulieren —, Gott ihnen vergab und ihnen Gelegenheit zur Buße schenkte. Aber wenn Menschen eines der ersten vier Gebote verletzten — Gebote, die das Verhältnis des Menschen zu Gott regeln —, kam Gottes Gericht oft sehr schnell über sie. Es ist also kein Wunder, daß das Gericht über Belsazar und seine Gäste unmittelbar nach ihrer Tat hereinbrach.

Japans Niederlage im Zweiten Weltkrieg ist ein treffendes Beispiel für diese Wahrheit. Während dieses Krieges verkündete der japanische Kaiser, daß der Zweite Weltkrieg der Krieg zwischen der japanischen Gottheit Amaterasu (Anmerkung: Die Sonnengottheit, von der das japanische Kaiserhaus abstammen soll. Sie ist eine der bedeutendsten japanischen Gottheiten.) und dem Gott der Christen sei. Weil Japan auf diese Weise die Heiligkeit Gottes gelästert hatte, wurde die Nation das Opfer eines schrecklichen Atombombenangriffs und mußte schließlich kapitulieren.

Auf ähnliche Weise verkündete der Nazi-Führer Adolf Hitler stolz, daß die spätere Geschichtsschreibung ihn als einen Gott bezeichnen würde, wenn es überhaupt so etwas wie einen Gott geben sollte. Und Gott warf ihn nieder.

Für mehrere Jahrzehnte führten sich die Kommunisten anmaßend auf. Sie lästerten Gott und verneinten Seine Existenz. Sie haben Kirchen zerstört, christliche

Erziehung untersagt und die Anbetung Gottes verboten. So ist es nicht überraschend, daß wir in unserer Generation den Niedergang des Kommunismus erleben und sein Verschwinden von der Bühne der Geschichte — denn er hat sich am Wesen Gottes vergangen.

Gott vergibt immer noch alle Fehler, die Christen ihren Schwestern und Brüdern antun. Wenn sie aber die Gemeinde herunterziehen oder niedermachen, die der Leib Christi ist, wird Gott sie sehr schnell richten. Als zum Beispiel Ananias und Saphira versuchten, Gott und die Gemeinde zu betrügen, indem sie Geld für sich zurückbehielten, warf Gott sie auf der Stelle tot zu Boden nieder (Apostelgeschichte 5:1-11). Aus diesem Grunde sollten wir immer wieder unser Verhältnis zu Gott überprüfen, um herauszufinden, ob irgend etwas vor Ihm nicht bestehen kann.

Natürlich, bezüglich des vierten Gebots, welches den Sabbattag betrifft, hat Jesus gesagt: „Der Menschensohn ist ein Herr über den Sabbat" (Matthäus 12:8). Deshalb ist für uns, die wir an unseren Herrn Jesus Christus glauben, jeder Tag der Sabbattag. Und der Tag, an dem Jesus Christus auferstand, ist der Tag des Herrn, den wir darum heilig halten müssen. Folglich sagt die Bibel, daß wir uns von niemandem wegen des Sabbats richten oder ein schlechtes Gewissen machen lassen sollen (Kolosser 2:16).

Wenn wir jedoch eines der drei anderen Gebote übertreten, die sich auf unser Verhältnis zu Gott beziehen — „Du sollst keine anderen Götter haben neben mir", „Du sollst dir kein Bildnis noch irgendein Gleichnis machen", „Du sollst den Namen des Herrn, deines Gottes, nicht mißbrauchen" —, wird das Gericht Gottes unverzüglich über uns kommen. Nicht nur Christen, sondern auch Nichtchristen werden gerichtet werden, wenn sie eines dieser Gebote verletzen. Darum, selbst wenn Sie möglicherweise versagen und in anderen Bereichen Ihres Glaubens Fehler machen sollten, übertreten Sie niemals eines dieser drei ersten Gebote.

Das göttliche Gericht
(5:5-12)

> Im gleichen Augenblick gingen hervor Finger wie von einer Menschenhand, die schrieben gegenüber dem Leuchter auf die getünchte Wand in dem königlichen Saal. Und der König erblickte die Hand, die da schrieb. Da entfärbte sich der König, und seine Gedanken erschreckten ihn, so daß er wie gelähmt war und ihm die Beine zitterten. Und der König rief laut, daß man die Weisen, Gelehrten und Wahrsager herbeiholen solle. Und er ließ den Weisen von Babel sagen: Welcher Mensch diese Schrift lesen kann und mir sagt, was sie bedeutet, der soll mit Purpur gekleidet werden und eine goldene Kette um den Hals tragen und der Dritte in meinem Königreich sein. Da wurden alle Weisen des Königs hereingeführt, aber sie konnten weder die Schrift lesen, noch die Deutung dem König kundtun. Darüber erschrak der König Belsazar noch mehr und verlor seine Farbe ganz, und seinen Mächtigen wurde angst und bange. (Verse 5-9)

Sobald der König Belsazar die Geräte des Tempels entweiht hatte, verfiel er dem göttlichen Gericht. Inmitten der Belustigung war plötzlich ein schriller Schrei zu hören: „Seht, dort an der Wand!"

Belsazar ahnte offensichtlich, daß die schreibende Hand, die er sah, ein schlechtes Zeichen war und mag vielleicht sogar gedacht haben, daß sie etwas mit dem Akt der Entweihung der Tempelgeräte zu tun hatte. Weil er ein Vizekönig seines Vaters war, bedeutete sein Angebot, den Ausleger der Botschaft zum dritten Mann im Königreich zu machen, daß er die Stellung des obersten Verwalters gleich nach ihm zur Verfügung stellte — so besorgt war er darum, zu verstehen, was geschrieben stand.

Seine Furcht vergrößerte sich verständlicherweise noch mehr, als keiner seiner Weisen die Schrift deuten konnte. Denn, wie schon gesagt, sie waren deshalb nicht in der Lage, ihm zu helfen, weil Dämonen nicht in der Lage sind, eine Offenbarung Gottes zu deuten.

> Da ging auf die Worte des Königs und seiner Mächtigen die Königinmutter in den Saal hinein und sprach: Der König lebe ewig! Laß dich von deinen Gedanken nicht so erschrecken, und entfärbe dich nicht! Es ist ein Mann in deinem Königreich, der den Geist der heiligen Götter hat. Denn zu deines Vaters Zeiten fand sich bei ihm Erleuchtung, Klugheit und Weisheit wie der Götter Weisheit. Und dein Vater, der König Nebukadnezar, setzte ihn über die Zeichendeuter, Weisen, Gelehrten und Wahrsager, weil ein überragender Geist bei ihm gefunden wurde, dazu Verstand und Klugheit, Träume zu deuten, dunkle Sprüche zu erraten und Geheimnisse zu offenbaren. Das ist Daniel, dem der König den Namen Beltschazar gab. So rufe man nun Daniel; der wird sagen, was es bedeutet. (Verse 10-12)

Inmitten des plötzlichen Durcheinanders bei diesem Gastmahl, den Rufen des Königs und dem Gemurmel der Gäste erschien die Königinmutter und erteilte einen weisen Ratschlag: „Rufe Daniel herbei!" Offensichtlich lebte Daniel zu der Zeit sehr zurückgezogen und war wegen seines hohen Alters von der aktiven Politik zurückgetreten.

Daniels Deutung
(5:13-30)

> Da wurde Daniel vor den König geführt. Und der König sprach zu Daniel: Bist du Daniel, einer der Gefangenen aus Juda, die der König, mein Vater, aus Juda hergebracht hat? Ich habe von dir sagen hören, daß du den Geist der heiligen Götter habest und Erleuchtung, Verstand und hohe Weisheit bei dir zu finden sei. Nun hab ich vor mich rufen lassen die Weisen und Gelehrten, damit sie mir diese Schrift lesen und kundtun sollen, was sie bedeutet; aber sie können mir nicht sagen, was sie bedeutet. Von dir aber höre ich, daß du Deutungen zu geben und Geheimnisse zu offenbaren vermagst. Kannst du nun die Schrift lesen und mir sagen, was sie bedeutet, so sollst du mit Purpur gekleidet werden und eine goldene Kette um deinen Hals tragen und der Dritte in meinem Königreich sein. Da fing Daniel an und sprach vor dem König: Behalte deine Gaben und gib dein Geschenk einem andern; ich will dennoch die Schrift dem König lesen und kundtun, was sie bedeutet. (Verse 13-17)

Nach dem Erhalt des königlichen Befehls erschien Daniel sofort. Beachten Sie, daß Daniel die Versprechungen ausschlug, obwohl der König ihm die gleichen Versprechungen von Reichtum und Beförderung gab, wie er sie auch den anderen gegeben hatte. Er wußte bereits von dem Inhalt der Schrift, daß solche Versprechungen bedeutungslos waren, da das Ende von Babylon nahe bevorstand.

Statt dessen erteilte Daniel, obwohl er nur ein jüdischer Gefangener war, dem heidnischen König von Babel, der Weltmacht der damaligen Zeit, eine mutige Lektion in Geschichte. Jetzt, da Daniel im Alter ziemlich fortgeschritten war, gab es für ihn nichts anderes mehr, als Gott zu dienen. Auch fürchtete er sich nicht vor dem Tod. Deshalb wies er Belsazar scharf zurecht und erklärte:

> Mein König, Gott der Höchste hat deinem Vater Nebukadnezar Königreich, Macht, Ehre und Herrlichkeit gegeben. Und um solcher Macht willen, die ihm gegeben war, fürchteten und scheuten sich vor ihm alle Völker und Leute aus so vielen verschiedenen Sprachen. Er tötete, wen er wollte; er ließ leben, wen er wollte; er erhöhte, wen er wollte; er demütigte, wen er wollte. Als sich aber sein Herz überhob und er stolz und hochmütig wurde, da wurde er vom königlichen Thron gestoßen und verlor seine Ehre und wurde verstoßen aus der Gemeinschaft der Menschen, und sein Herz wurde gleich dem der Tiere, und er mußte bei dem Wild hausen und fraß Gras wie die Rinder, und sein Leib lag unter dem Tau des Himmels und wurde naß, bis er lernte, daß Gott der Höchste Gewalt hat über die Königreiche der Menschen und sie gibt, wem er will. Aber du, Belsazar, sein Sohn, hast dein Herz nicht gedemütigt, obwohl du das alles wußtest, sondern hast dich gegen den Herrn des Himmels erhoben, und die Gefäße seines Hauses hat man vor dich bringen müssen, und du, deine Mächtigen, deine Frauen und deine Nebenfrauen, ihr habt daraus getrunken; dazu hast du die silbernen, goldenen, ehernen, eisernen, hölzernen, steinernen Götter gelobt, die weder sehen noch hören noch fühlen können. Den Gott aber, der deinen Odem und

alle deine Wege in seiner Hand hat, hast du nicht ver-
ehrt. Darum wurde von ihm diese Hand gesandt und
diese Schrift geschrieben. (Verse 18-24)

„Weißt du nicht mehr", sagte Daniel mit anderen Worten, „was mit deinem Vater geschah — wie Gott ihn demütigte? Du bist sein Blutsverwandter und hast es mit
eigenen Augen gesehen. Doch hast du deine Lektion ge-
lernt? Nein! Weit davon entfernt, überhaupt eine Lektion zu lernen, hast du sogar Gott gelästert, indem du
Wein aus den heiligen Gefäßen getrunken hast. Deshalb
wird Gott dich richten. Jetzt ist nicht einmal mehr Zeit
zur Buße. Die Schrift an der Wand kündigt ein bevorste-
hendes Gericht an."

Als Daniel die Erteilung seiner Lektion an Belsazar
beendet hatte, war Babylon bereits verloren und ohne
Hoffnung. Gott hatte König Nebukadnezar den Weg zur
Vergebung eröffnet, aber König Belsazar gab Er keine
Möglichkeit zur Umkehr. Obwohl Nebukadnezars Stolz
die Ursache für ihn war, sich einem göttlichen „Trai-
ning" für sieben Jahre während seines Wahnsinns zu un-
terziehen, hatte er doch niemals Gott so gelästert, wie
es Belsazar tat. Doch weil Belsazar Gott lästerte, ent-
fernte sich der Heilige Geist, und der Weg zur Vergebung war ihm verschlossen.

Die Bibel sagt, daß alle Sünden den Menschen vergeben werden, bis auf eine Sünde: „Wer aber den Heiligen Geist lästert, der hat keine Vergebung in Ewigkeit,
sondern ist ewiger Sünde schuldig" (Markus 3:29). Die
Sünde der Lästerung gegen den Heiligen Geist ist die
Sünde, die eine Person begeht, wenn sie das Werk des
Heiligen Geistes aus Neid und Eifersucht als das Werk

eines Dämonen bezeichnet, obwohl diese Person weiß, daß es sich um das Werk des Heiligen Geistes handelt. Wenn jemand den Heiligen Geist als einen Dämon bezeichnet, entfernt sich der Heilige Geist von dieser Person.

Ich kannte einmal einen Mann, der den Heiligen Geist gelästert hatte und von diesem verlassen worden war. Er und ich waren gemeinsam in der Stadt Pusan in Korea errettet worden, und wir predigten beide auf der Straße. Er war solch ein geisterfüllter Mann, daß ihn alle den „Holy Ghost Boy", den „Heiliggeistburschen", nannten. Viele Menschen beneideten ihn und wünschten, so mit dem Heiligen Geist erfüllt zu sein wie er.

Später kam ich nach Seoul, um Pastor zu werden, er aber ging in die Welt. Aber noch schlimmer, er lästerte den Heiligen Geist, indem er erklärte, daß die Geschehnisse, die er früher erlebt hatte, nicht durch den Heiligen Geist gewirkt waren, sondern das Werk eines Dämonen gewesen wären. So verließ ihn der Heilige Geist.

Als er der Armee beitrat, übte er die gottlosen und bösen Dinge des Teufels aus. Später jedoch wurde er von Herzensqualen bis aufs äußerste gepeinigt, als würde er sich in der Hölle befinden. Es schien, daß er die Schmerzen kaum ertragen konnte. Als ich Pastor meiner Gemeinde in Seodaemun war, ließ er mich deshalb zu sich rufen.

Dieser Mann schüttete mir dann sein Herz aus und erklärte, daß er sich in Herzensqualen und vor Herzensnot gewunden hatte. Ich kann mich immer noch an seine Worte erinnern: „Pastor Cho, um Gottes willen, hilf mir! Hab Mitleid mit mir als ein alter Freund und sorge dafür, daß ich aus diesen Qualen und Schmerzen herauskomme. Obwohl ich es mit aller Anstrengung versucht habe, kann ich weder Buße für meine Sünden erlangen noch erneut an Jesus glauben. Mein Herz scheint zu brennen und meine Seele mehrere tausend Meilen von mir entfernt in der Hölle zu sein. Um Gottes Willen, hilf mir!"

So nahm ich mich seiner an und versuchte alles, was mir möglich war, um ihm zu helfen, Buße zu tun, nur um festzustellen, daß es vergeblich war. Der Heilige Geist hatte ihn schon verlassen.

„Niemand kann Jesus den Herrn nennen, außer durch den Heiligen Geist" (1. Korinther 12:3). Wenn wir an Jesus glauben und bekennen, daß Jesus unser Herr ist, während der Heilige Geist in unseren Herzen wohnt, können wir unsere Sünden bekennen, und sie werden vergeben werden. Wenn der Heilige Geist uns jedoch verläßt, gibt es keine weitere Möglichkeit mehr. Das war der Zustand, in dem sich König Belsazar befand. Die Stunde des Untergangs kam, und er konnte keinen Ausweg finden.

Heute finden sich alle, die Jesus nicht kennen, in derselben Situation wieder. Aber jetzt ist das Zeitalter der Gnade, in dem jeder, der von seinen Sünden umkehrt und bekennt, daß Jesus der Herr ist, gerettet werden wird. „Siehe, jetzt ist die Zeit der Gnade, siehe, jetzt ist der Tag des Heils" (2. Korinther 6:2).

Aber alle, die diese Gelegenheit zur Erlösung und Errettung zurückweisen, werden später vor dem Richterstuhl Jesu stehen und die ernste Stimme des Herrn zur Verurteilung hören müssen. Zu dieser Zeit wird die Hand bereits das Gericht an die Wand geschrieben haben. Es wird keine Hoffnung mehr geben. Nur die ewige Pein der Hölle wird warten. Deshalb bete ich im Namen Jesu, daß Sie Ihn niemals verlassen, wenn Sie an Jesus glauben.

Nach dieser „geschichtlichen Lektion" las Daniel die Schrift an der Wand laut vor und legte ihre Bedeutung aus:

> So aber lautet die Schrift, die dort geschrieben steht: Mene mene tekel u-parsin. Und sie bedeutet dies: Mene, das ist, Gott hat dein Königtum gezählt und beendet. Tekel, das ist, man hat dich auf der Waage gewogen und zu leicht befunden. Peres, das ist, dein Reich ist zerteilt und den Medern und Persern gegeben. Da befahl Belsazar, daß man Daniel mit Purpur kleiden sollte und ihm eine goldene Kette um den Hals geben; und er ließ von ihm verkünden, daß er der Dritte im Königreich sei. Aber in derselben Nacht wurde Belsazar, der König der Chaldäer, getötet. (Verse 25-30)

Als er diese Deutung vernahm, geriet König Belsazar völlig außer Kontrolle und befahl, daß Daniel belohnt werden sollte. In dieser Nacht jedoch fiel die Stadt Babel. In derselben Nacht, in der König Belsazar Gott lästerte, hatten die medo-persischen Armeen den Lauf des Euphrats verändert, der mitten durch die Stadt floß. Sobald das Flußbett ausgetrocknet war, drang die Invasion der Feinde wie wogende Wellen ein.

In dieser Nacht wurde der König getötet, und Babylon fiel. Als Belsazars Vater, König Nabonid, diese Nachrichten hörte, eilte er mit einer Armee herbei, um seinen Sohn zu retten. Aber auch er wurde im Kampf geschlagen und gefangengenommen. So, wie Jeremia und Jesaja prophezeit hatten, wurde Babylon innerhalb von zwanzig Jahren vernichtet.

6

Daniel in der Löwengrube

Die falsche Anschuldigung gegen Daniel
(6:1-10)

> Und Darius aus Medien übernahm das Reich, als er
> zweiundsechzig Jahre alt war. Und es gefiel Darius,
> über das ganze Königreich hundertundzwanzig Statthal-
> ter zu setzen. Über sie setzte er drei Fürsten, von denen
> einer Daniel war. Ihnen sollten die Statthalter Rechen-
> schaft ablegen, damit der König der Mühe enthoben
> wäre. Daniel aber übertraf alle Fürsten und Statthalter,
> denn es war ein überragender Geist in ihm. Darum
> dachte der König daran, ihn über das ganze Königreich
> zu setzen. (Verse 1-4)

Als Daniel bereits recht alt war, er näherte sich einem
Alter von neunzig Jahren, wurde er noch einmal in die
Stellung eines Fürsten und obersten Verwalters einge-
setzt — dieses Mal im Königreich von Darius, dem
Meder. Nach der Eroberung von Babylon hatte König
Darius sein Königreich in 120 Provinzen aufgeteilt und

120 Statthalter zur Verwaltung der einzelnen Provinzen bestimmt, über die er drei Fürsten setzte, um die königlichen Steuereinkünfte zu überwachen. <u>Unter diesen drei Fürsten oder Obersten war Daniel wahrscheinlich der älteste.</u>

Daniel besaß kein weltliches Verlangen mehr. Er war rechtschaffen, und da er dem König mit wirklicher Herzensaufrichtigkeit diente, fühlte sich Darius sehr zu ihm hingezogen. <u>Darüber hinaus stand Daniel trotz seines Alters niemandem an Weisheit und Klugheit nach und übertraf sie in jeder Hinsicht.</u> Deshalb plante der König, ihn über das ganze Königreich zu setzen. Doch nicht alle waren mit seinem Plan einverstanden.

> Da <u>trachteten</u> die Fürsten und Statthalter danach, an Daniel <u>etwas zu finden,</u> das gegen das Königreich gerichtet wäre. Aber sie konnten keinen Grund zur Anklage und kein Vergehen finden; denn er war treu, so daß man keine Schuld und kein Vergehen bei ihm finden konnte. Da sprachen die Männer: Wir werden keinen Grund zur Anklage gegen Daniel finden, es sei denn wegen seiner Gottesverehrung. (Verse 5-6)

Die beiden anderen Fürsten waren offensichtlich auf Daniel eifersüchtig. Sie beklagten sich wahrscheinlich, daß Jüngere wegen Daniel keine Möglichkeit zum Aufstieg besäßen. Außerdem lebte Daniel im Exil und war als Gefangener aus Juda weggeführt worden, so daß seine Bevorzugung und Macht eine Beleidigung der einheimischen Bewohner zu sein schien. Folglich verschworen sich die beiden Fürsten mit den Statthaltern gegen Daniel und begründeten ihr Tun wahrscheinlich mit Aussagen wie:

x warum sollte ein alter Mensch keine Klug-
88 heit u. Weisheit mehr besitzen? Heute wäre es
undenkbar; jemanden, dieses Alters noch in ein
Amt zu setzen. Die Alten gelten doch nicht mehr.
Sie werden verachtet u. respektlos behandelt.

„Wenn Daniel der oberste Fürst wird, werden wir ihm dienen müssen. Wir werden nicht befördert werden und ihr auch nicht. Deshalb müssen wir ihn stürzen — aber wie? Da er nicht nach weltlichem Gewinn strebt oder politische Ambitionen hat, gibt es nur einen Weg, auf dem wir eine Anschuldigung gegen ihn vorbringen können. Wir haben festgestellt, daß er ohne Versäumnis dreimal am Tag zu seinem Gott betet und dabei die Fenster nach Jerusalem öffnet. So laßt uns einen Weg finden, um das als Grundlage für eine Anklage gegen ihn zu nutzen."

Danach heckten die Verschwörer einen Anschlag aus.

> Da kamen die Fürsten und Statthalter eilends vor den König gelaufen und sprachen zu ihm: Der König Darius lebe ewig! Es haben die Fürsten des Königreichs, die Würdenträger, die Statthalter, die Räte und Befehlshaber alle gedacht, es solle ein königlicher Befehl gegeben und ein strenges Gebot erlassen werden, daß jeder, der in dreißig Tagen etwas bitten wird von irgendeinem Gott oder Menschen außer von dir, dem König, allein, zu den Löwen in die Grube geworfen werden soll. Darum, o König, wollest du ein solches Gebot ausgehen lassen und ein Schreiben aufsetzen, das nicht wieder geändert werden darf nach dem Gesetz der Meder und Perser, das unaufhebbar ist. So ließ der König Darius das Schreiben und das Gebot aufsetzen. (Verse 7-10)

Das gefiel und erfreute König Darius, denn er dachte, daß er das Beste aus dieser Gelegenheit machen würde, um sein Reich zu einen, die öffentliche Ordnung zu festigen und seine eigene Autorität zu erhöhen. Deshalb gab er seine Zustimmung, eine entsprechende Verordnung zu erlassen und signierte sie mit seinem Ring, so daß sie nicht mehr zurückgenommen werden konnte.

Die beiden Fürsten, die dies mit angesehen hatten, müssen vor Freude umhergesprungen sein. Sie dachten, daß sie Daniel endlich in eine Falle gelockt hatten und daß sie schon bald das Vertrauen des Königs gewinnen würden.

Natürlich muß Daniel alles über diese Vorgänge gewußt haben. Ein Anwärter für das Amt des obersten Fürsten im Königreich konnte nicht unwissend darüber sein, was um ihn herum geschah. Er wußte genau, welches Verbot der Erlaß enthielt und welche Strafe darauf stand. Wie sollte er also reagieren?

Daniels Glaube achtet nicht auf Gefahr (6:11-16)

> Als nun Daniel erfuhr, daß ein solches Gebot ergangen war, ging er hinein in sein Haus. Er hatte aber an seinem Obergemach offene Fenster nach Jerusalem, und er fiel dreimal am Tag auf seine Knie, betete, lobte und dankte seinem Gott, wie er es auch vorher zu tun pflegte. Da kamen jene Männer eilends gelaufen und fanden Daniel, wie er betete und flehte vor seinem Gott. (Verse 11-12)

Trotz der Todesdrohung begab sich Daniel nach Hause, öffnete die Fenster in Richtung Jerusalem und betete wie gewöhnlich auf seinen Knien dreimal am Tag. Wir sollten nicht erstaunt darüber sein, denn selbst seine Feinde waren sich sicher gewesen, daß Daniel weiterhin beten würde, wie streng und absolut die königliche Verordnung auch sein mochte.

Wenn Daniel auch nur ein wenig von seinen Überzeugungen abgewichen wäre, hätte er die Gefahr vermeiden können. Er mußte nicht die Fenster in aller Öffentlichkeit geöffnet lassen, während er betete, denn Gott ist nicht an solch äußerliche Bekenntnisse gebunden.

Wenn er heimlich gebetet hätte, nachdem die anderen zu Bett gegangen waren, anstatt seine Gewohnheit beizubehalten, dreimal am Tag zur festgesetzten Stunde zu beten, hätte er nicht angeklagt werden können, das königliche Gesetz zu mißachten. Aber Daniel wollte auch nicht den kleinsten Kompromiß schließen. Wie zu erwarten, wurde er verklagt.

> Da traten sie vor den König und redeten mit ihm über das königliche Gebot: O König, hast du nicht ein Gebot erlassen, daß jeder, der in dreißig Tagen etwas bitten würde von irgendeinem Gott oder Menschen außer von dir, dem König, allein, zu den Löwen in die Grube geworfen werden solle? Der König antwortete und sprach: Das ist wahr, und das Gesetz der Meder und Perser kann niemand aufheben. Sie antworteten und sprachen vor dem König: Daniel, einer der Gefangenen aus Juda, der achtet weder dich noch dein Gebot, das du erlassen hast; denn er betet dreimal am Tage. (Verse 13-14)

Die Fürsten wußten, daß der König das Gesetz nicht ändern konnte, ohne seine eigene Autorität und die Tradition seines Volkes zu untergraben. So hatten sie ihn dazu gebracht, gegen Daniel die Todesstrafe verhängen zu müssen.

> Als der König das hörte, wurde er sehr betrübt und war
> darauf bedacht, Daniel die Freiheit zu erhalten, und
> mühte sich, bis die Sonne unterging, ihn zu erretten.
> Aber die Männer kamen wieder zum König gelaufen
> und sprachen zu ihm: Du weißt doch, König, es ist das
> Gesetz der Meder und Perser, daß alle Gebote und Be-
> fehle, die der König beschlossen hat, unverändert blei-
> ben sollen. (Verse 15-16)

Der König bemerkte zu spät, daß ein teuflischer Plan
hinter dem Erlaß stand, und er war tief bekümmert und
erschüttert. Wir müssen bedenken, daß es in der damaligen Zeit für einen König, der normalerweise ein
menschliches Leben gering achtete, eine leichte und
einfache Angelegenheit war, einen Gesetzesbrecher in
die Löwengrube zu werfen. Doch König Darius war bekümmert. Offenbar war Daniels Loyalität zu Darius und
die Festigkeit seines Glaubens zu Gott so groß, daß der
König tief beeindruckt und bewegt war.

Deshalb entschloß sich Darius, Daniel zu bewahren
und unternahm bis zum Sonnenuntergang alles in seiner
Macht Stehende, um ihn zu retten. Er überprüfte wahrscheinlich sorgfältig die Verordnung, in der Hoffnung,
einen Satz zu finden, durch den er den alten Mann möglicherweise bewahren konnte. Als Darius die Sache jedoch verzögerte, erschienen die Verkläger erneut gemeinsam vor dem König und erinnerten ihn daran, daß
das Gesetz der Meder und Perser nicht aufgehoben werden konnte. Sie deuteten an, daß er Schwierigkeiten in
seiner Herrschaft bekommen würde, wenn er das Gesetz nicht ausführen ließ, das er angeordnet hatte. Auf
diese Weise mußte auch der König einsehen, daß er sich
an die von ihm erlassene Verordnung halten mußte,

selbst wenn er absolute Macht besaß; und wegen seines Glaubens an Gott wurde Daniel auf die Probe gestellt.

Daniels Glaubensprobe
(6:17-19)

> Da befahl der König, Daniel herzubringen. Und sie warfen ihn zu den Löwen in die Grube. Der König aber sprach zu Daniel: Dein Gott, dem du ohne Unterlaß dienst, der helfe dir! Und sie brachten einen Stein, den legten sie vor die Öffnung der Grube; den versiegelte der König mit seinem eigenen Ring und mit dem Ringe seiner Mächtigen, damit nichts anderes mit Daniel geschähe. Und der König ging weg in seinen Palast und fastete die Nacht über und ließ kein Essen vor sich bringen und konnte auch nicht schlafen.

Beachten Sie hier die Liebe von Darius zu Daniel. Selbst ein heidnischer König, der nichts von Gott wußte, war von der Rechtschaffenheit des Charakters Daniels und der Festigkeit seines Glaubens an Gott so tief bewegt, daß er ein Bekenntnis des Glaubens vor Daniel ablegte. Im Kern erklärte er: „Daniel, obwohl ich den ganzen Tag aufs äußerste versucht habe, dich zu bewahren, liegt es jenseits meiner Macht, dich zu retten. Doch ich bin sicher, daß dein Gott dich aus der Löwengrube befreien wird."

Unsere eigene Verkündigung von Jesus durch unser Glaubensleben sollte auch solche Frucht hervorbringen. Daniel, der König Nebukadnezar von Babylon dazu gebracht hatte, sich Gott auszuliefern, veränderte jetzt auch ebenso Darius, den König der Meder und Perser.

Achten Sie auf das positive Bekenntnis des Glaubens durch den König. Wir sollten auch diesen Glauben haben, wie Daniel ihn besaß, so daß andere an unseren Gott glauben und mit uns gemeinsam diesen Glauben bekennen.

Als der König seine Anordnungen gegen seinen Willen gegeben hatte, befürchteten die beiden Fürsten und die 120 Statthalter vielleicht, daß der König seine Meinung ändern und Daniel retten würde. Deshalb legten sie, nachdem Daniel in die Löwengrube geworfen worden war, einen Stein vor die Öffnung und versiegelten sie mit dem königlichen Siegelring und den Siegelringen der Mächtigen. Schließlich konnten sie sich in dem Bewußtsein beruhigt zurückziehen, daß diese Angelegenheit erledigt war. Sie sagten sich, daß die Löwen Daniel mit Sicherheit in Stücke reißen würden.

Wie betrübt war Darius, nachdem er Daniels Tod angeordnet hatte! Er verbrachte eine ruhelose Nacht, während den gesamten Palast eine stille und feierliche Atmosphäre umgab.

Unter dem Schutz Gottes
(6:20-24)

Früh am Morgen, als der Tag anbrach, stand der König auf und ging eilends zur Grube, wo die Löwen waren. Und als er zur Grube kam, rief er Daniel mit angstvoller Stimme. Und der König sprach zu Daniel: Daniel, du Knecht des lebendigen Gottes, hat dich dein Gott, dem du ohne Unterlaß dienst, auch erretten können von den Löwen? Daniel aber redete mit dem König: Der König lebe ewig! Mein Gott hat seinen Engel gesandt, der den Löwen den Rachen zugehalten hat, so daß sie mir kein Leid antun konnten; denn vor ihm bin ich unschuldig, und auch gegen dich, mein König, habe ich nichts Böses getan. Da wurde der König sehr froh und ließ Daniel aus der Grube herausziehen. Und sie zogen Daniel aus der Grube heraus, und man fand keine Verletzung an ihm; denn er hatte seinem Gott vertraut.

Beim ersten Licht des neuen Tages stand der König auf und eilte zur Löwengrube. Obwohl er einerseits hoffte, daß der Gott Daniels ihn sicher bewahrt hatte, zeigte andererseits seine Frage, daß er es nicht völlig glauben konnte. Aber Daniels Antwort zerstreute seine Zweifel.

Betrachten Sie, wie Daniel selbst in der Löwengrube die Höflichkeit beibehielt, die er immer in der Gegenwart des Königs gezeigt hatte. Offensichtlich hatte er die vergangene Nacht mit Frieden im Herzen verbracht — was wir von dem König nicht gerade sagen können.

Daniels Worte: „Mein Gott hat seinen Engel gesandt, der den Löwen den Rachen zugehalten hat", wurden Jahrhunderte später von einem anderen Mann großen Glaubens wiederholt: Von dem Apostel Paulus. Als Paulus nach Italien fuhr, wurde das Schiff von einem Sturm überrascht und zwei Wochen durch das Meer getrieben. Aber während andere sich fürchteten, erklärte Paulus: „Doch nun ermahne ich euch: seid unverzagt; denn keiner von euch wird umkommen, nur das Schiff. Denn diese Nacht trat zu mir der Engel des Gottes, dem ich gehöre und dem ich diene ..." (Apostelgeschichte 27:22-23).

Nicht nur zur Zeit Daniels und zur Zeit des Apostels Paulus, sondern ebenso auch in unserer Zeit sendet Gott Seinen Engel, um die zu bewahren und zu retten, die

Ihm vertrauen und Ihm mit aufrichtigem Herzen dienen. Wie Gott die Rachen der Löwen verschloß, die Macht des Feuers im Feuerofen zurückhielt und den tobenden Sturm auf dem Meer stillte, so kann Er auch uns vor allen möglichen Versuchungen und Prüfungen bewahren.

Heute, genauso wie in den Tagen Daniels, sind die Engel des Herrn die von Gott gesandten Boten, die die erlösten Erben Gottes beschützen und ihnen dienen. Wenn unsere Augen geöffnet und in der Lage wären, die geistliche Welt zu sehen, könnten wir die Engel um uns her erkennen; überall dort, wo das Volk Gottes zusammenkommt, wird es von den Engeln des Herrn umgeben.

Das Gericht über die Feinde Daniels (6:25)

> Da ließ der König die Männer, die Daniel verklagt hatten, holen und zu den Löwen in die Grube werfen samt ihren Kindern und Frauen. Und ehe sie den Boden erreichten, ergriffen die Löwen sie und zermalmten alle ihre Knochen.

Die Löwen müssen sehr hungrig gewesen sein, denn der Engel hatte sie die ganze Nacht über vom Fressen abgehalten. Wie wild müssen sich diese Löwen auf die Feinde Daniels gestürzt haben, als der König sie anstelle von Daniel in die Grube hatte werfen lassen!

Halten Sie an dieser Stelle fest: Menschen, die nicht an Jesus glauben, mögen Christen eine Falle stellen, werden aber immer selber in ihr gefangen. Wer hätte gedacht, daß die Verschwörer selber in die Löwengrube geworfen werden, die für Daniel vorgesehen worden war? Oder denken Sie daran, was im Buch Ester geschah. Wer hätte gedacht, daß Haman an den Galgen gehängt wird, den er selbst für Mardochai vorgesehen hatte?

Denken Sie daran, wer an den Herrn glaubt und Ihm vertraut, wird nichts zu fürchten haben. Wenn wir die Integrität unseres Glaubens bewahren, selbst wenn wir durch das Tal der Todesschatten wandern, wird der Stecken und der Stab des Herrn uns trösten, und Er wird vor uns einen Tisch bereiten im Angesicht unserer Feinde (vgl. Psalm 23). Denn wenn Gott für uns ist, wer kann gegen uns sein?

Der Glaube von König Darius
(6:26-29)

> Da ließ der König Darius allen Völkern und Leuten aus so vielen verschiedenen Sprachen auf der ganzen Erde schreiben: Viel Friede zuvor! Das ist mein Befehl, daß man in meinem ganzen Königreich den Gott Daniels fürchten und sich vor ihm scheuen soll. Denn er ist der lebendige Gott, der ewig bleibt, und sein Reich ist unvergänglich, und seine Herrschaft hat kein Ende. Er ist ein Retter und Nothelfer, und er tut Zeichen und Wunder im Himmel und auf Erden. Der hat Daniel von den Löwen errettet. Und Daniel hatte große Macht im Königreich des Darius und auch im Königreich des Kyrus von Persien.

Daniels Errettung aus der Löwengrube war so eindrucksvoll, daß König Darius unverzüglich für alle Bewohner im gesamten Reich eine Verordnung niederschreiben ließ. Diese Verordnung war ein ebenso wunderbares Bekenntnis des Glaubens, wie es die frühere Verordnung von König Nebukadnezar gewesen war. Gott ist nicht nur der Gott von Juda und Israel, sondern auch der Gott, der die Geschichte aller Menschen bestimmt.

König Darius sah Gott nicht, aber er sah den Gott Daniels. Auch König Nebukadnezar hatte zu seiner Zeit Gott nicht gesehen, aber er sah den Gott von Schadrach, Meschach und Abed-Nego.

Das gleiche gilt auch heute noch. Viele Menschen wissen nichts von Gott, aber sie wissen etwas von Ihrem Gott. Ihr Bild von Gott wird durch Ihre Worte und Ihr Verhalten geprägt. So bestimmt und genau wie König Darius Gott den Gott Daniels nannte, so sollten Sie in einer Weise leben, daß andere Menschen Gott als Ihren Gott bezeichnen. Sorgen Sie dafür, daß die Menschen Ihren Gott in einer Weise sehen, daß sie bekennen: „Wir müssen den Gott dieser Person fürchten."

Wenn Babylon Juda auch erobert und viele der Bewohner als Gefangene nach Babylon weggeführt hatte, so beugten sich doch babylonische Könige und Königreiche vor dem Gott ihrer Gefangenen und lieferten sich Ihm aus. In gleicher Weise hat unser geistlicher Glaube immer noch größere Kraft als die Atom- oder Wasserstoffbomben dieser Welt. Wir dienen dem Gott Daniels.

Korea ist vielleicht vom geopolitischen Standpunkt aus gesehen sehr ungünstig gelegen; aber solange Korea dem Gott Daniels dient, dem allmächtigen Gott, der mit uns ist, haben wir nichts zu befürchten. Der Gott Schadrachs, Meschachs und Abed-Negos, der Gott Daniels und der Gott des Apostels Paulus ist unser Gott und ist mit uns allen. Kein Löwe wird seinen Rachen öffnen, um uns zu verschlingen.

„Ist Gott für uns, wer kann wider uns sein? Der auch seinen eigenen Sohn nicht verschont hat, sondern hat ihn für uns alle dahingegeben — wie sollte er uns mit ihm nicht alles schenken? Wer will die Auserwählten Gottes beschuldigen? Gott ist hier, der gerecht macht. Wer will verdammen? Christus Jesus ist hier, der gestorben ist, ja vielmehr, der auch auferweckt ist, der zur Rechten Gottes ist und uns vertritt. Wer will uns scheiden von der Liebe Christi? Trübsal oder Angst oder Verfolgung oder Hunger oder Blöße oder Gefahr oder Schwert?" (Römer 8:31-35).

Daniels Vision von den vier Tieren

Die vier Winde unter dem Himmel
(7:1-2)

> Im ersten Jahr Belsazars, des Königs von Babel, hatte Daniel einen Traum und Gesichte auf seinem Bett; und er schrieb den Traum auf, und dies ist sein Inhalt: Ich, Daniel, sah ein Gesicht in der Nacht, und siehe, die vier Winde unter dem Himmel wühlten das große Meer auf.

Das Kapitel 7 im Buch Daniel handelt von der Offenbarung, die Daniel, vierzehn Jahre vor der Eroberung und dem Fall Babylons, in einem Traum im ersten Jahr des Königs Belsazar von Babylonien empfing. Daniel sah in seinem Traum zuerst, wie die vier Winde unter dem Himmel das Meer aufwühlten. Die Winde unter dem Himmel symbolisierten die Vorsehung Gottes und Seine Souveränität über die menschliche Geschichte. Daß die Winde vom Himmel kamen, bedeutet, daß die menschliche Geschichte in den Grenzen des göttlichen Willens voranschreitet. Mit anderen Worten, welche Rebellion der Teufel auch immer anzettelt, sie kann keine Veränderung im Lauf der menschlichen Geschichte bewirken, die Gott nicht gestattet.

„Das große Meer" bezieht sich in der Bibel immer auf das Mittelmeer. So bestimmte der Ausdruck „die vier Winde unter dem Himmel wühlten das große Meer auf" den Schauplatz für eine Vorhersage von geschichtlichen Ereignissen, die sich durch die Vorsehung Gottes in den Ländern rund um das Mittelmeer ereignen würden.

Der Löwe mit den Flügeln eines Adlers (7:3-4)

> Und vier große Tiere stiegen herauf aus dem Meer, ein jedes anders als das andere. Das erste war wie ein Löwe und hatte Flügel wie ein Adler. Ich sah, wie ihm die Flügel genommen wurden. Und es wurde von der Erde aufgehoben und auf zwei Füße gestellt wie ein Mensch, und es wurde ihm ein menschliches Herz gegeben.

Das erste Tier aus dem Meer, ein Löwe mit den Flügeln eines Adlers, bezieht sich auf Babylon. Es entspricht dem goldenen Haupt des Standbildes, das König Nebukadnezar in seinem Traum gesehen hatte.

Warum wurde Babylon durch einen Löwen mit Adlerflügeln dargestellt? Skulpturen eines derartigen Wesens standen vor dem Tor des babylonischen Palastes. Der Adler ist der König unter den Vögeln des Himmels, während der Löwe der König unter den Tieren der Erde ist. So spiegelte dieses Wesen die unumschränkte Macht des babylonischen Herrschers und der vollkommenen Organisation der babylonischen Bürokratie wider. Es bedeutete auch, daß Babylonien die gesamte damals bekannte Welt mit der Schnelligkeit und der Kraft von Adlerflügeln erobern und eine gewaltige Herrschaftsmacht werden würde.

Während Daniel den Löwen betrachtete, wurden dem Löwen die Flügel entfernt. Dann wurde der Löwe von der Erde aufgehoben, so daß er wie ein Mensch auf zwei Füßen stand. Das bezog sich auf den geheimnisvollen Vorfall, der mit König Nebukadnezar geschehen war, als dessen Stolz dazu führte, von Gott mit Wahnsinn für sieben Jahre gerichtet zu werden.

Daß die Adlerflügel entfernt wurden, bedeutet, daß König Nebukadnezar die Macht verlor. Doch als er wiederhergestellt war, wurde er nicht mehr einem Tier ähnlich, sondern vielmehr wie ein Mensch.

In dieser Vision stellte Gott jedes Königreich und den König der Welt durch das Bild eines Tieres dar. Aber als Nebukadnezar seine Torheit ernsthaft bereute und die göttliche Herrschaft anerkannte, gab Gott ihm sein menschliches Wesen zurück. Nebukadnezar, der vor Gott Buße tat, wurde aus der Sicht Gottes eine wundervolle Person. So bezog sich also das erste von Daniel gesehene Tier auf sein eigenes Zeitalter, das Zeitalter von Babylon.

Der Bär mit drei Rippen zwischen den Zähnen (7:5)

Und siehe, ein anderes Tier, das zweite, war gleich einem Bären und war auf der einen Seite aufgerichtet und hatte in seinem Maul zwischen seinen Zähnen drei Rippen. Und man sprach zu ihm: Steh auf und friß viel Fleisch!

Daniel sah diese Vision während der Regierungszeit von Belsazar, dem letzten König von Babel. Das zweite Tier in der Vision, ein Bär, offenbarte das nächste kommende Zeitalter. Es stellte das Königreich der Meder und Perser dar, das durch die Eroberung von Babylon entstehen und über zwei Jahrhunderte bis 331 v. Chr. währen sollte.

Wie ein Bär waren die Meder und Perser grob und taktlos, aber auch stark. Wenn sie einen Krieg führten, benötigten sie nur recht wenig Strategie; sie drängten einfach mit der Kraft der riesigen Anzahl von Soldaten in ihrer gewaltigen Armee vorwärts, die von einhunderttausend bis zu einer Million zählte. Die Anzahl von Soldaten, die sie in ihrem Feldzug gegen die Griechen mobilisierten, belief sich auf eine Million, von der die eine Hälfte als reguläre Streitmacht eingesetzt wurde und die andere Hälfte als Versorgungs- und Hilfstruppen diente.

Das Medo-Persische Reich war nicht nur grob und taktlos, sondern auch grausam. Es eroberte viele Länder und zertrat sie unter seinen Füßen.

Der Bär in der Vision war auf einer Seite aufgerichtet. Das zeigt, daß sich das Reich, obwohl die Meder und Perser eine Koalition von zwei Königreichen bildeten, zu einer Seite neigte, und zwar auf die Seite der Perser; denn Persien, das später als Medien entstand, gewann eine Vormachtstellung und besiegte die Meder schließlich. Die Brust und die Arme aus Silber unter dem goldenen Haupt in Nebukadnezars Traum entsprechen ebenfalls dieser Koalition der Meder und Perser.

In der Vision hatte der Bär drei Rippen zwischen seinen Zähnen. Diese drei Rippen symbolisieren die drei starken Nationen, die durch das Medo-Persische Reich erobert wurden: Babylon, Lydien und Ägypten. Die Stimme, die sprach: „Steh auf und friß viel Fleisch!" bedeutete die göttlich gegebene Gewähr für das Medo-Persische Reich, die Herrschaft über viele Nachbarländer zu besitzen. Dementsprechend eroberten die Meder und Perser viele kleine Nationen im Nahen Osten und dehnten ihren Machtbereich viel weiter aus, als Babylon ihn jemals besessen hatte. Das Reich hatte, wie schon gesagt, mehr als zwei Jahrhunderte Bestand, ging jedoch schließlich unter, und das dritte Tier erschien.

Der Panther mit vier Flügeln und vier Köpfen (7:6)

> Danach sah ich, und siehe, ein anderes Tier, gleich einem Panther, das hatte vier Flügel wie ein Vogel auf seinem Rücken, und das Tier hatte vier Köpfe, und ihm wurde große Macht gegeben.

Betrachten Sie dieses Tier. Ein Panther ist ein schnelles Tier, und dieser Panther hatte zusätzlich vier Flügel auf seinem Rücken. Was konnte schneller als ein fliegender Panther sein?

Dieses Wesen bezieht sich auf Alexander den Großen, dem griechischen Feldherrn, der Medo-Persien eroberte und den größten Teil der damaligen Welt unter seine Kontrolle brachte. Er war der größte Eroberer, den die Welt je gesehen hat, und eroberte in einer kurzen Zeit ein ungeheuer großes Reich. Alexander stammte aus Mazedonien in Europa, eroberte große Teile von Asien und Afrika und zog wie ein Sturmwind seine Bahn bis an die Grenze von Indien.

Die Legende berichtet, daß Alexander auf einer Bank am Indus saß und weinte, weil es kein Land mehr zu erobern gab. Doch kurz darauf starb er im Alter von dreiunddreißig Jahren in Babylon an einem Fieber.

Die vier Köpfe des Panthers beziehen sich auf die vier Generäle von Alexander dem Großen, das heißt, auf das kollektive Führungssystem in seinem Reich. In Alexanders Welteroberung spielten die vier Generäle eine zentrale Rolle, und nach Alexanders Tod teilten sie das vollständige Griechische Weltreich unter sich auf. Thrakien und Bithynien fielen an den ersten General, an Lysimachus; Mazedonien und Griechenland an den zweiten, an Kassander; Syrien und Babylonien fielen an den dritten, an Seleukus; und Ägypten, Palästina und Arabien fielen an den vierten der Generäle, an Ptolomäus. Auf diese Weise wurde das Reich Alexanders in vier Königreiche aufgeteilt, die beständig Krieg gegeneinander führten.

Das Tier mit den zehn Hörnern (7:7-8)

Danach sah ich in diesem Gesicht in der Nacht, und siehe, ein viertes Tier war furchtbar und schrecklich und sehr stark und hatte große eiserne Zähne, fraß um sich und zermalmte, und was übrigblieb, zertrat es mit seinen Füßen. Es war auch ganz anders als die vorigen Tiere und hatte zehn Hörner. Als ich aber auf die Hörner achtgab, siehe, da brach ein anderes kleines Horn zwischen ihnen hervor, vor dem drei der vorigen Hörner ausgerissen wurden. Und siehe, das Horn hatte Augen wie Menschenaugen und ein Maul, das redete große Dinge.

Das vierte Tier, das Daniel sah, war schrecklich und sehr stark. Es besaß große eiserne Zähne und zehn Hörner. Dieses Tier bezieht sich auf das Römische Reich, das dem Griechischen Reich folgte und die gesamte Welt unter seinen Einfluß brachte.

Die Stadt Rom, die als kleines Dorf am Tiber in Italien gegründet wurde, begann sich im vierten Jahrhundert v. Chr. durch Kriege mit seinen Nachbarn auszudehnen. Gegen Ende des zweiten Jahrhunderts v. Chr. hatte es bereits Spanien und Karthago erobert. Danach setzte es seine Eroberungsfeldzüge fort und brachte nacheinander Mazedonien, Griechenland und Kleinasien unter seine Herrschaft. Schließlich fielen Syrien und Jerusalem ebenso an Rom wie die europäischen Gebiete, die heute Großbritannien, Frankreich, Belgien, die Schweiz und Deutschland umfassen.

In den frühen Jahren des zweiten Jahrhunderts n. Chr. war das Römische Reich auf dem Höhepunkt seiner Macht. Sein riesiges Gebiet umfaßte beinah ganz Europa, und seine Macht reichte sogar bis an die Grenze von Indien. So gelang es Rom, das größte Reich in der menschlichen Geschichte aufzubauen. Doch 410 n. Chr. fiel auch Rom durch eindringende Armeen. Kein menschliches Reich besteht ewig.

In Daniels Vision fraß dieses schreckliche vierte Tier um sich, zermalmte seine Opfer und zertrat mit seinen Füßen, was übrigblieb. Dies zeigte, daß Rom, getrieben von der Lust zur Eroberung, erbarmungslos eine

Politik der Expansion verfolgen und die unterjochten Länder zermalmen würde. Und tatsächlich fanden die Massaker an unterworfenen Völkern, mit Tausenden von Toten auf einmal, häufig im Römischen Reich statt. Wer diese Massaker als einer der wenigen überlebte, wurde als Kriegsgefangener weggeführt und als Sklave verkauft. So wurde im Gefolge der römischen Armeen die Zivilisation oft so zerstört, daß nur die Asche übrigblieb.

Die zweitausend Jahre, die dem Römischen Reich folgten, erscheinen nicht in der jüdischen Prophetie. Jesus kam im Zeitalter Roms auf diese Erde, und die zweitausend Jahre, die bisher zwischen dieser Zeit und Seiner Wiederkunft liegen, sind das Zeitalter des Evangeliums, der Zeitabschnitt, in dem alle Menschen durch das Kreuz von Jesus Christus gerettet werden können. Dieser Zeitraum hat nichts mit dem Judentum zu tun, und darum hat Gott ihn den Propheten im Alten Testament nicht aufgezeigt.

Wenn das bis jetzt zweitausend Jahre währende Zeitalter der Gemeinde am Ende der Welt abgeschlossen ist, dann werden nach Daniels Vision zehn Hörner plötzlich aus dem Kopf des schrecklichen Tiers, welches Rom darstellt, hervorkommen. Danach wird zwischen den zehn Hörnern ein kleines Horn hervorbrechen und drei von ihnen ausreißen. In der Vision besaß dieses Horn menschliche Augen und ein Maul, das prahlerische Dinge sprach.

Dieser Teil der Vision entspricht dem Traum Nebukadnezars, in dem gezeigt wird, daß sich am Ende der Welt zehn Königreiche auf dem ehemaligen Gebiet des Römischen Reichs vereinigen werden. Vor zweitausendsechshundert Jahren prophezeite Daniel völlig genau die historische Tatsache, daß zehn Reiche aus dem ehemaligen Gebiet Roms hervorgehen würden.

Das kleine Horn, das zwischen den zehn Hörnern hervorkam, deutet auf den Antichristen hin. Dieser Antichrist wird aufkommen und sich gegen Gott erheben, drei Reiche entmachten und die übrigen sieben vereinigen. Das alles ist in Kapitel 13 der Offenbarung des Johannes ausführlich dargestellt.

Wie wir bereits bei der Betrachtung von Kapitel 2 bei Daniel festgestellt haben, wird der letzte Abschnitt der Geschichte dieser Welt mit der Vereinigung der zehn Reiche Europas auf dem ehemaligen Gebiet des Römischen Reiches beginnen — und diese Vereinigung ist bereits im Gange. Daniel schaute dies vor zweitausendsechshundert Jahren in seiner Vision, aber er wußte nicht, was sie bedeutete. Wir jedoch leben in dem Zeitalter dieser Prophezeiung und können mit eigenen Augen beobachten, wie sich zehn Reiche in Europa bilden und in der Europäischen Gemeinschaft zusammenfinden.

Wenn zehn Länder auf diesem ehemaligen Gebiet Roms politisch, ökonomisch und militärisch vereinigt sind, wird aus ihnen ein oberster Führer hervorgehen und drei von den zehn Ländern erobern. Danach wird er die übrigen sieben Länder unterwerfen und ganz Europa unter seine Herrschaft bringen. Er wird der Welt sein Diktat aufzwingen und prahlerische Worte gegen Gott sprechen. Dann wird er, wie wir einer Betrachtung der Offenbarung entnehmen können, einen Feldzug gegen die Juden führen.

Wie wir außerdem schon in der Betrachtung von Daniel Kapitel 2 festgestellt haben, werden ungefähr in der

Zeit, wenn die Vereinigung der zehn Länder in Europa vollendet ist, wir Christen auf einmal in den Himmel entrückt werden. Aus diesem Grunde sollten wir, während die Zeit heraufzieht, um so mehr dafür beten, die Fülle des Heiligen Geistes zu empfangen. Wir wissen nicht, wann die Vereinigung vollendet sein wird. Einige meinen, daß der gemeinsame europäische Markt, der 1993 eingeführt wird, die Erfüllung dieser Prophezeiungen darstellt. Andere glauben, daß es nur der Anfang des Prozesses ist, der zur vollständigen politischen Vereinigung führen wird.

Diese politischen Tendenzen lassen darauf schließen und deuten darauf hin, daß die Wiederkunft Jesu nahe bevorsteht.

Das Gericht über den Antichristen
(7:9-12)

Ich sah, wie Throne aufgestellt wurden, und einer, der uralt war, setzte sich. Sein Kleid war weiß wie Schnee und das Haar auf seinem Haupt rein wie Wolle; Feuerflammen waren sein Thron und dessen Räder loderndes Feuer. Und von ihm ging aus ein langer feuriger Strahl. Tausendmal Tausende dienten ihm, und zehntausendmal Zehntausende standen vor ihm. Das Gericht wurde gehalten, und die Bücher wurden aufgetan. Ich merkte auf um der großen Reden willen, die das Horn redete, und ich sah, wie das Tier getötet wurde und sein Leib umkam und ins Feuer geworfen wurde. Und mit der Macht der anderen Tiere war es auch aus; denn es war ihnen Zeit und Stunde bestimmt, wie lang ein jedes leben sollte.

Sobald die Zeit der zehn Hörner in der Vision vorbei war, nahte sich das Gericht über das kleine Horn, den Antichristen. Zu diesem Zeitpunkt sah Daniel, wie der Richterstuhl Gottes, dessen, der uralt ist, aufgestellt wurde. Die Ihm dienten, waren Engel, und die vor Ihm standen, war die Braut Jesu Christi —, das heißt, die Heiligen, die auferstanden und in den Himmel aufgenommen worden waren.

Die Bibel sagt weiterhin, daß in Daniels Vision das Gericht gehalten und die Bücher geöffnet wurden. Es handelt sich um das Gericht, welches kurz nach der großen Trübsal stattfinden wird, von der Jesus gesprochen hat (vgl. Matthäus 24:21). Von dem Augenblick an, da der Antichrist die Vereinigung Europas vollendet hat, wird die große Trübsal beginnen, und der Antichrist wird sieben Jahre lang regieren.

Nach meiner Auslegung dieses Abschnitts und dem Buch der Offenbarung folgt der Trübsal das Herabkommen von Christus und Seinen getreuen Heiligen aus dem Himmel, und unmittelbar nach der Schlacht von Harmagedon wird Christus den Antichristen und dessen falschen Propheten gefangennehmen. Nach ihrer Verurteilung wird Er sie in den brennenden Feuer- und Schwefelsee werfen.

Dieses Gericht über den Antichristen, das Daniel vor so langer Zeit sah, wird auch in Kapitel 19 der Offenbarung erwähnt. In diesem Zeitabschnitt werden auch alle Personen oder Nationen, die das Zeichen des Tieres angenommen haben, ebenfalls gerichtet werden. Nach der Vision von Johannes in den Kapiteln 19 und 20 der Offenbarung besteht aber eine bestimmte Reihenfolge im Ablauf des Gerichts.

Zuerst wird der Antichrist und sein falscher Prophet in den Feuer- und Schwefelsee geworfen werden.

Zweitens werden die anderen Tiere der zehn Reiche ihrer Macht beraubt werden. Es wird ihnen jedoch gestattet, noch eine Zeitlang bis zu Beginn des Tausendjährigen Reiches bestehen bleiben zu dürfen (Daniel 7:12). Dann werden sie gerichtet und für tausend Jahre in die Hölle geworfen werden.

Drittens beginnt nach diesen tausend Jahren das Gericht vor dem großen weißen Thron Gottes. Zu diesem Zeitpunkt werden alle Toten auferstehen, um endgültig gerichtet und in den brennenden Feuer- und Schwefelsee geworfen zu werden.

Das ewige Königreich Jesu
(7:13-14)

> Ich sah in diesem Gesicht in der Nacht, und siehe, es kam einer mit den Wolken des Himmels wie eines Menschen Sohn und gelangte zu dem, der uralt war, und wurde vor ihn gebracht. Der gab ihm Macht, Ehre und Reich, daß ihm alle Völker und Leute aus so vielen verschiedenen Sprachen dienen sollten. Seine Macht ist ewig und vergeht nicht, und sein Reich hat kein Ende.

Während Jesus auf der Erde war, bezeichnete Er sich häufig als der Menschensohn oder der Sohn des Menschen. Hier sagt Daniel: „Es kam einer mit den Wolken des Himmels wie eines Menschen Sohn." Der „wie eines Menschen Sohn", den Daniel in den Nachtvisionen sah, war Jesus Christus selbst.

Die Wolken des Himmels symbolisieren nicht nur die Herrlichkeit, sondern auch die Menschenmassen. Dementsprechend kommt Jesus hier nicht nur in Herrlichkeit vom Himmel, sondern wird auch von Seiner Braut begleitet, der Menge der Heiligen. Dieses Ereignis findet nach dem Gericht statt, in dem Jesus die Herrschaft über das Tausendjährige Reich von Seinem Vater übernimmt.

Eines Tages werden wir als Seine Erben bei Gott sein. Die Bibel drückt es in dieser Weise aus: „Der Geist selbst gibt Zeugnis unserm Geist, daß wir Gottes Kinder sind. Sind wir aber Kinder, so sind wir auch Erben, nämlich Gottes Erben und Miterben Christi, wenn wir denn mit ihm leiden, damit wir auch mit zur Herrlichkeit erhoben werden" (Römer 8:16-17).

Die Herrschaft, die wir als Miterben Christi ererben, wird ewig währen, und Sein Königreich wird ein immerwährendes und unvergängliches Reich sein. Ich bete im Namen des Herrn Jesus, daß niemand von Ihnen den Segen verliert, diese Herrschaft und dieses Königreich zu ererben.

Die Deutung des vierten Königreichs
(7:15-28)

> Ich, Daniel, war entsetzt, und dies Gesicht erschreckte mich. Und ich ging zu einem von denen, die dastanden, und bat ihn, daß er mir über das alles Genaueres berichtete. Und er redete mit mir und sagte mir, was es bedeutete. (Verse 15-16)

Die Vision des vierten Königreichs erschreckte Daniels Herz, weil er nicht wußte, was sie bedeutete. Er war in der Lage gewesen, die Bedeutung der anderen Tiere auszulegen, aber dieses Tier war ganz anders. Deshalb ging er zu dem Engel, der ihm die Vision überbracht hatte, und fragte nach ihrer Bedeutung.

> Diese vier großen Tiere sind vier Königreiche, die auf Erden kommen werden. Aber die Heiligen des Höchsten werden das Reich empfangen und werden's immer und ewig besitzen. Danach hätte ich gerne Genaueres gewußt über das vierte Tier, das ganz anders war als alle anderen, ganz furchtbar, mit eisernen Zähnen und ehernen Klauen, das um sich fraß und zermalmte und mit seinen Füßen zertrat, was übrigblieb; und über die zehn Hörner auf seinem Haupt und über das andere Horn, das hervorbrach, vor dem drei ausfielen; und es hatte Augen und ein Maul, das große Dinge redete, und war größer als die Hörner, die neben ihm waren. (Verse 17-20)

Obwohl Daniel Schwierigkeiten hatte, die Bedeutung des vierten Tieres zu verstehen, liegt diese Bedeutung für uns nicht jenseits unserer Erkenntnis, und wir haben seine Bedeutung auch bereits betrachtet. Es wird aus der Erklärung des Engels über die Vision offensichtlich, daß sich das vierte Königreich auf Rom bezieht; die zehn Hörner symbolisieren die zehn Reiche, die auf dem ehemaligen Gebiet des Römischen Reiches am Ende der Welt entstehen werden; und das kleine Horn symbolisiert den Antichristen. Nach dieser Erklärung wird der Antichrist zuerst die drei Reiche unter seiner Herrschaft vereinigen und dann seine Herrschaft über die anderen sieben Reiche ausdehnen.

Und ich sah das Horn kämpfen gegen die Heiligen, und
es behielt den Sieg über sie, bis der kam, der uralt war,
und Recht schaffte den Heiligen des Höchsten und bis
die Zeit kam, daß die Heiligen das Reich empfingen. Er
sprach: Das vierte Tier wird das vierte Königreich auf
Erden sein; das wird ganz anders sein als alle andern
Königreiche; es wird alle Länder fressen, zertreten und
zermalmen. Die zehn Hörner bedeuten zehn Könige,
die aus diesem Königreich hervorgehen werden. Nach
ihnen aber wird ein anderer aufkommen, der wird ganz
anders sein als die vorigen und wird drei Könige
stürzen. (Verse 21-24)

Danach wird der Antichrist Krieg gegen die Heiligen
Gottes führen. An dieser Stelle bezeichnet „die Heiligen" zwei Gruppen: Die Juden und die Christen, die
nicht vorbereitet waren, als Jesus vom Himmel herab-
kam. Die geisterfüllten Christen, die sich vorbereitet
und auf die Wiederkunft Jesu gewartet hatten, waren
bereits ungefähr zum Zeitpunkt des Erscheinens des
Antichristen in den Himmel entrückt worden.

Er wird den Höchsten lästern und die Heiligen des
Höchsten vernichten und wird sich unterstehen, Fest-
zeiten und Gesetz zu ändern. Sie werden in seine Hand
gegeben werden eine Zeit und zwei Zeiten und eine
halbe Zeit. Danach wird das Gericht gehalten werden;
dann wird ihm seine Macht genommen und ganz und
gar vernichtet werden. Aber das Reich und die Macht
und die Gewalt über die Königreiche unter dem ganzen
Himmel wird dem Volk der Heiligen des Höchsten gegeben werden, dessen Reich ewig ist, und alle Mächte
werden ihm dienen und gehorchen. Das war das Ende
der Rede. Aber ich, Daniel, wurde sehr beunruhigt in
meinen Gedanken, und jede Farbe war aus meinem
Antlitz gewichen; doch behielt ich die Rede in meinem
Herzen. (Verse 25-28)

Nach Daniel wird der Antichrist versuchen, die gesetzten Zeiten und die Gesetze zu ändern. Er wird die Bezeichnung unserer Zeit „nach Christus" oder „A.D., Anno Domini", was bedeutet „im Jahre des Herrn" ablehnen. Folglich wird er es verabscheuen, Aussagen wie „im Jahre 1999 nach Christus" oder „Anno Domini 1999" zu hören, weil „im Jahre des Herrn 1999" ein Jahr der Zeit bedeutet, dessen Anfang Jesus Christus ist. Er wird ebenfalls Gesetze mit der Absicht verändern, sich selbst an die Stelle des Gesetzes und des Rechts zu setzen und wird ein neues Zeitalter einführen.

Von dieser Zeit an wird das jüdische Volk in die Hand des Antichristen gegeben werden, und zwar für „eine Zeit, zwei Zeiten und eine halbe Zeit" (7:25), und wird durch die Trübsalszeit gehen. Damit befaßt sich in Einzelheiten Kapitel 11 der Offenbarung. Während der ersten dreieinhalb Jahre der Trübsal werden Naturkatastrophen stattfinden. In den zweiten dreieinhalb Jahren wird der Antichrist sein eigenes Bild im Tempel Gottes aufstellen und gegen den Sieben-Jahres-Vertrag verstoßen, den er vorher mit den Juden abgeschlossen hatte. Dann wird er einen schrecklichen Feldzug gegen die Juden beginnen.

Aber Vers 22 sagt, daß der kam, der uralt war — das heißt, Gott —, Gericht hielt und das Urteil sprach, um den Heiligen Recht zu schaffen. Der Antichrist wurde genommen und vernichtet. Die ganze Welt wurde zum Königreich Christi und den Heiligen übergeben. Das wird im letzten Gericht stattfinden.

Für uns ist das Buch Daniel nicht länger ein versiegeltes, sondern ein geöffnetes Buch (vgl. 12:4). Was Daniel nicht verstehen konnte, können wir jetzt deutlich erkennen. Der Teufel ist jedoch darüber wütend, daß wir im voraus durch das Studium dieser biblischen Bücher und Gebet davon Kenntnis haben, was in Zukunft geschehen wird. Darum zögern viele Pastoren, das Buch Daniel zu untersuchen. Sie befürchten, durch den Teufel an Geist oder Leib angegriffen zu werden. Gerade deshalb kann jeder glaubende Heilige jetzt deutlich den Inhalt des Buches Daniel erkennen, da die Geschichte Aufschluß darüber gegeben hat, was versiegelt war.

Heute leben Sie und ich in diesem wunderbaren Zeitalter, und wir glauben an Jesus. Gibt es irgend etwas, für das wir dankbarer sein könnten?

Nein, es gibt nichts.

8

Ein Widder und ein Ziegenbock

Das Geheimnis eines Widders mit zwei Hörnern (8:1-4)

> Im dritten Jahr der Herrschaft des Königs Belsazar erschien mir, Daniel, ein Gesicht, nach jenem, das mir zuerst erschienen war. Ich hatte ein Gesicht, und während meines Gesichtes war ich in der Festung Susa im Lande Elam, am Fluß Ulai. Und ich hob meine Augen auf und sah, und siehe, ein Widder stand vor dem Fluß, der hatte zwei hohe Hörner, doch eins höher als das andere, und das höhere war später hervorgewachsen. Ich sah, daß der Widder mit den Hörnern stieß nach Westen, nach Norden und nach Süden hin. Und kein Tier konnte vor ihm bestehen und vor seiner Gewalt errettet werden, sondern er tat, was er wollte, und wurde groß.

Der Widder mit den zwei Hörnern symbolisiert das Medo-Persische Reich. So sonderbar es auch klingen mag, wenn die Könige des Medo-Persischen Reichs in eine Schlacht zogen, trugen sie anstelle der Krone einen Helm, der wie ein Widderhorn aussah. Folglich beschreibt diese Prophetie genau die medo-persischen Könige, wie sie in den Krieg ziehen.

Indem sich Daniels Vision auf das Medo-Persische Reich bezog, zeigte sie, wie das später gewachsene Horn höher als das erste wurde. Das macht deutlich, daß Medien, obwohl es vor Persien an die Macht kam, von Persien erobert und annektiert wurde, um dann gemeinsam mit Persien von diesem zu einem vereinigten Königreich gebildet zu werden.

Das Medo-Persische Reich lag im Osten zwischen Ägypten und Asien. Es vergrößerte sein Gebiet durch die Eroberung von Griechenland in westlicher Richtung, nach Norden durch die Eroberung Babyloniens und südwärts durch die Eroberung Ägyptens. Genau das wurde in Vers 4 prophezeit.

Der Ziegenbock aus dem Westen (8:5-8)

Und indem ich darauf achthatte, siehe, da kam ein Ziegenbock vom Westen her über die ganze Erde, ohne den Boden zu berühren, und der Bock hatte ein ansehnliches Horn zwischen seinen Augen. Und er kam bis zu dem Widder, der zwei Hörner hatte, den ich vor dem Fluß stehen sah, und er lief in gewaltigem Zorn auf ihn zu. Und ich sah, daß er nahe an den Widder herankam, und voller Grimm stieß er den Widder und zerbrach ihm seine beiden Hörner. Und der Widder hatte keine Kraft, daß er vor ihm hätte bestehen können, sondern der Bock warf ihn zu Boden und zertrat ihn, und niemand konnte den Widder von seiner Gewalt erretten. Und der Ziegenbock wurde sehr groß. Und als er am stärksten geworden war, zerbrach das große Horn, und es wuchsen an seiner Stelle vier andere Hörner nach den vier Winden des Himmels hin.

Als der Widder mit den beiden Hörnern immer mehr zunahm und den Westen, den Norden und den Süden angriff, tauchte plötzlich ein Ziegenbock auf. Dieser Ziegenbock bezieht sich auf das Griechische Reich, und das Horn zwischen den Augen symbolisiert Alexander den Großen, den wir bereits erwähnt haben.

Bevor dieser Herrscher das Medo-Persische Reich eroberte, waren die Griechen selbst durch die Perser besetzt worden, die mit einer riesigen Armee, die mehr als eine Million Soldaten zählte, einen Feldzug gegen Griechenland geführt hatten. Seit damals hatte Griechenland erbittert auf Vergeltung gewartet. Endlich kam die Gelegenheit dazu. Bereits im Alter von dreißig Jahren führte Alexander, der Sohn des Königs Philipp von Mazedonien, eine beträchtliche Armee gegen das Medo-Persische Reich. Doch verglichen mit dem riesigen Heer Medo-Persiens waren die Griechen zahlenmäßig unterlegen.

Daniel erklärte, daß der Ziegenbock so stark war und so schnell rannte, daß er den Boden nicht berührte. Genau in dieser Schnelligkeit und Stärke rückte Alexanders Armee vor und besiegte das große Heer der Perser im Mai 334 v. Chr. am Granikos in Kleinasien.

Eineinhalb Jahre später, im November 333 v. Chr., stellte Persien erneut eine Armee auf und kämpfte gegen die Griechen bei Issos an der nördlichen Spitze des Mittelmeers. Die persischen Truppen wurden von Alexander zerschlagen. Im Oktober 331 v. Chr., nur zwei Jahre später, kam es bei Gaugamela in der Nähe von Ninive zur Entscheidungsschlacht zwischen Griechenland und Persien, in der Alexander Persien endgültig und für immer zerschlug.

Auf diese Weise wurde der Widder, der für Persien stand, vollständig durch den Ziegenbock vernichtet, der Griechenland bezeichnete. Die Vision zeigte weiter, daß das große Horn des Ziegenbocks zerbrach und an seiner Stelle vier andere Hörner nach den vier Winden des Himmels hin wuchsen. Das zeigte, daß Alexander jung sterben und sein Reich, wie wir in Kapitel 7 gesehen haben, durch seine vier Generäle in vier Teile aufgeteilt werden würde.

Ein kleines Horn
(8:9-12)

> Und aus einem von ihnen wuchs ein kleines Horn; das wurde sehr groß nach Süden, nach Osten und nach dem herrlichen Land hin. Und es wuchs bis an das Heer des Himmels und warf einige von dem Heer und von den Sternen zur Erde und zertrat sie. Ja, es wuchs bis zum Fürsten des Heeres und nahm ihm das tägliche Opfer weg und verwüstete die Wohnung seines Heiligtums. Und es wurde Frevel an dem täglichen Opfer verübt, und das Horn warf die Wahrheit zu Boden. Und was es tat, gelang ihm.

An dieser Stelle erscheint der Bericht über ein kleines Horn, der geheimnisvoll und schwer zu verstehen ist. Dieses kleine Horn unterscheidet sich von dem kleinen Horn, das in Kapitel 7 erschien. Die hier vorliegende zweite Prophezeiung von einem kleinen Horn wurde historisch bereits erfüllt, steht jedoch gleichzeitig als Symbol für den Antichristen, der noch kommen wird.

Nachdem die Welt zwischen den vier Generälen von Alexander dem Großen aufgeteilt worden war, gingen aus den daraus entstehenden vier Königreichen zwei von ihnen schließlich als siegreiche Mächte hervor: Syrien durch Seleukus und Ägypten durch Ptolomäus. Diese beiden Reiche waren fortwährend in feindselige Handlungen verstrickt.

Israel war geographisch zwischen den beiden Königreichen eingekeilt. Wenn Ägypten auszog, um gegen Syrien zu kämpfen, wurde Israel niedergetreten. Zog Syrien gegen Ägypten nach Süden, erlitt Israel das gleiche Schicksal. Somit war das Leid Israels unbeschreiblich.

Unter diesen Umständen wuchs nach dem Bericht Daniels ein kleines Horn aus einem der Hörner hervor. Die Beschreibung, die in Daniels Darstellung folgt, entspricht vollkommen dem syrischen König Antiochus Epiphanes (175—164 v. Chr.), dem achten Herrscher in der Reihenfolge der seleukidischen Dynastie.

Antiochus wurde von den vier Hörnern zur Berühmtheit. Er besiegte Ägypten, und auf seinem Rückweg unterwarf er Jerusalem. Nachdem Jerusalem kapituliert hatte, stellte er sich selbst gegen Gott und zertrat Israel grausam unter seinen Füßen. „Das Heer" in Daniels Vision bezieht sich auf die Juden, die dieser Eroberer in Kämpfen niederwarf.

Antiochus ermordete mehrere politische und religiöse Führer Israels, einschließlich des Hohenpriesters Onias III, zu der Zeit das unbestrittene religiöse Oberhaupt der Juden. Darüber hinaus setzte er sich selbst dem Fürsten des Heeres — das ist Gott — gleich. Er verbot das tägliche Opfer im Tempel und entweihte das Heiligtum mit einem Altar, der der griechischen Gottheit geweiht war, die er anbetete. Auf diesem Altar opferte er das Blut von Schweinen — ein Greuel für die Juden. Ein schlimmerer Frevel war nicht vorstellbar.

Doch er ging noch weiter. Er schaffte das mosaische Gesetz ab, das von den Juden als hochheilig gehalten wurde. Er verbot die Beschneidung und zwang ihnen einen heidnischen Lebensstil auf. Und jeder, der Antiochus den Gehorsam verweigerte oder gegen ihn rebellierte, war ein Kind des Todes.

Diese Ereignisse sind eine Parallele zu den Geschehnissen, die in den letzten Tagen stattfinden werden: die Erscheinung des Antichristen während der Zeit der Trübsal und seine Eroberung und grausame Behandlung Israels. Die Tragödie, die einst in der Geschichte Israels stattgefunden hat, wird sich in der Zukunft durch den Antichristen wiederholen.

In dieser Zeit wird der Antichrist den Altar im Heiligtum niederreißen und an diese Stelle seinen eigenen Götzen setzen. Er wird die Juden zwingen, diesen Götzen anzubeten, und das tägliche Opfer beseitigen, das morgens und abends dargebracht wird. Und er wird das Gesetz Mose abschaffen und den Juden einen heidnischen Lebensstil aufzwingen.

Die Gotteslästerung des kleinen Horns (8:13-14)

Ich hörte aber einen Heiligen reden, und ein anderer Heiliger sprach zu dem, der da redete: Wie lange gilt

> dies Gesicht vom täglichen Opfer und vom verwüsten-
> den Frevel und vom Heiligtum, das zertreten wird?
> Und er antwortete mir: Bis zweitausenddreihundert
> Abende und Morgen vergangen sind; dann wird das
> Heiligtum wieder geweiht werden.

Diese Worte des Engels wurden in der Geschichte zur
Wirklichkeit. Die Verfolgung gegen die Juden begann
171 v. Chr. und setzte sich fort, bis Antiochus 164 v. Chr.
auf einem Kriegszug gegen Medien starb. Sobald er tot
war, wurde Israel von der syrischen Knechtung frei. Der
Tempel wurde gereinigt und die täglichen Opfer wieder
eingeführt. Die Zahl der Tage von der Eroberung Israels
durch Antiochus bis zu seinem Tod betrugen genau
zweitausenddreihundert Tage, die Anzahl, die an dieser
Stelle prophezeit wurde.

Da es sich hier um eine Prophezeiung mit doppelter
Bedeutung handelt, die sich einerseits in der Geschichte
bereits erfüllt hat und sich andererseits am Ende der
Welt noch einmal erfüllen wird, zeigt dieser Textab-
schnitt deutlich, daß eines Tages der Antichrist ähnlich
wie Antiochus Epiphanes auftreten wird, um Israel zu
vernichten und das Heiligtum zu entweihen. Wie wir
bereits gesehen haben, wird diese Zeit „eine Zeit und
zwei Zeiten und eine halbe Zeit" dauern (7:25).

Gabriels Deutung der Vision
(8:15-27)

> Und als ich, Daniel, dies Gesicht sah und es gerne ver-
> standen hätte, siehe, da stand einer vor mir, der aussah
> wie ein Mann, und ich hörte eine Menschenstimme

mitten über dem Ulai rufen und sprechen: Gabriel, lege diesem das Gesicht aus, damit er's versteht. (Verse 15-16)

Nachdem Daniel diese Vision gesehen hatte, war er betrübt, weil er sie nicht verstehen konnte. Doch dann hörte er die Stimme eines Mannes von der anderen Seite des Flusses, die Gabriel befahl, die Vision auszulegen. Als ein Erzengel, der göttliche Botschaften verkündete, war Gabriel zusammen mit Michael, dem Engelfürsten der himmlischen Heerscharen, einer der höchsten Engel. Es muß sich deshalb um die Stimme Jesu gehandelt haben, da kein anderer als Er die Autorität besaß, Gabriel einen Auftrag zu erteilen.

Und Gabriel trat nahe zu mir. Ich erschrak aber, als er kam, und fiel auf mein Angesicht. Er aber sprach zu mir: Merk auf, du Menschenkind! Denn dies Gesicht geht auf die Zeit des Endes. Und als er mit mir redete, sank ich in Ohnmacht zur Erde auf mein Angesicht. Er aber rührte mich an und richtete mich auf, so daß ich wieder stand. Und er sprach: Siehe, ich will dir kundtun, wie es gehen wird zur letzten Zeit des Zorns; denn auf die Zeit des Endes geht das Gesicht. Der Widder mit den beiden Hörnern, den du gesehen hast, bedeutet die Könige von Medien und Persien. Der Ziegenbock aber ist der König von Griechenland. Das große Horn zwischen seinen Augen ist der erste König. Daß aber vier an seiner Stelle wuchsen, nachdem es zerbrochen war, bedeutet, daß vier Königreiche aus seinem Volk entstehen werden, aber nicht so mächtig wie er. (Verse 17-22)

Hier erklärt Gabriel die Bedeutung der Vision nach dem historischen Abriß, den wir bereits dargestellt haben. Dann fährt er fort zu beschreiben, daß im letzten Zeit-

126

abschnitt der vier Königreiche, die aus Alexanders Reich entstehen, ein grimmiger Feind der Juden erscheinen würde. Das war Antiochus Epiphanes; weil er aber ein Typus des Antichristen war, kann das hier über ihn Ausgesagte ebenso auf den zukünftigen Antichristen angewandt werden.

Eine Beschreibung des Antichristen

> Aber gegen Ende ihrer Herrschaft, wenn die Frevler überhandnehmen, wird ein König aufstehen, mit hartem Gesicht und erfahren in Ränken (oder wird aufkommen ein frecher und verschlagener König). Und seine Macht wird stark sein, jedoch nicht durch seine eigene Macht (oder Der wird mächtig sein, doch nicht so mächtig wie sie). Er wird ungeheures Unheil anrichten, und es wird ihm gelingen, was er tut. Er wird die Starken vernichten. Und gegen das heilige Volk richtet sich sein Sinnen, und es wird ihm durch Betrug gelingen, und er wird überheblich werden, und unerwartet wird er viele verderben und wird sich auflehnen gegen den Fürsten aller Fürsten; aber er wird zerbrochen werden ohne Zutun von Menschenhand. (Verse 23-25)

Als erstes wird uns hier gesagt, daß die Persönlichkeit und das äußere Erscheinungsbild des Antichristen von Strenge gekennzeichnet sein wird. Deshalb wird der Präsident des Vereinten Europa, von dem die Prophezeiung hier handelt, ein harter Mann sein, und zwar hart genug, um ganz Europa zu kontrollieren und die Welt zu beeinflussen.

Der Engel erklärt weiter, daß er ein Meister der Intrige sein wird. Das zeigt, daß er die zehn Staaten Europas wegen seiner großen politischen Fähigkeiten nach Belieben manipulieren wird.

Die Bibel sagt hier auch, daß der Antichrist sehr stark werden wird, jedoch nicht aus eigener Kraft. Dieser Gesichtspunkt wird durch Offenbarung Kapitel 13 erklärt, wo uns berichtet wird, daß der Drache, der Fürst in der Luft — das ist Satan — vor Michael dem Erzengel fliehen wird. Wenn er auf die Erde niedersteigt, wird er sich des Antichristen bemächtigen. Dann wird sich der Antichrist sofort in das Tier verwandeln und, indem er außergewöhnliche Fähigkeiten und übernatürliche Kraft von Satan empfängt, ganz Europa ergreifen und in seinen Händen halten.

Wie wir bereits festgestellt haben, wird der Antichrist, der auf diese Art die Vereinigung Europas erreicht hat, in einen Sieben-Jahres-Vertrag mit Israel eintreten. Er wird Israel helfen, den Tempel, der durch die Römer zerstört wurde, auf dem Berg Morija wieder aufzubauen, Israel jedoch übervorteilen und ausnutzen und die Nation dreieinhalb Jahre lang für seine eigenen Zwecke benutzen, bis er genug politische Macht besitzt, allein zu bestehen.

Dann wird sich der Antichrist plötzlich in das Tier verwandeln und bekanntgeben, daß er ein Gott ist. Nachdem er sein eigenes Götzenbild im Heiligtum aufgestellt hat, wird er die Menschen zwingen, es anzubeten. Doch das monotheistische Israel wird diesem Befehl niemals gehorchen. Das wird deshalb zu einem Kriegszug gegen die Juden führen, und zwar in der zweiten Hälfte der Zeit der Trübsal.

Auf diese Zeit bezog sich Jesus, als er verkündete:
,,Wenn ihr nun sehen werdet das Greuelbild der Ver-

wüstung stehen an der heiligen Stätte, wovon gesagt ist durch den Propheten Daniel — wer das liest, der merke auf! —, alsdann fliehe auf die Berge, wer in Judäa ist; und wer auf dem Dach ist, der steige nicht hinunter, etwas aus seinem Hause zu holen; und wer auf dem Feld ist, der kehre nicht zurück, seinen Mantel zu holen. Weh aber den Schwangeren und den Stillenden zu jener Zeit! Bittet aber, daß eure Flucht nicht geschehe im Winter oder am Sabbat. Denn es wird dann eine große Bedrängnis sein, wie sie nicht gewesen ist vom Anfang der Welt bis jetzt und auch nicht wieder werden wird. Und wenn diese Tage nicht verkürzt würden, so würde kein Mensch selig werden; aber um der Auserwählten willen werden diese Tage verkürzt" (Matthäus 24:15-22).

Auf diese Weise wird der Antichrist in der zweiten Hälfte der Trübsalszeit die Juden verfolgen, gegen Gott rebellieren und für sich in Anspruch nehmen, daß er Christus ist. Es wird jedoch die Zeit kommen, in der er, allerdings nicht durch menschliche Macht, vernichtet wird.

Die Schlacht von Harmagedon

Wann wird der Antichrist fallen? Während der Schlacht von Harmagedon (vgl. Offenbarung 16:16). Eine riesige Armee wird, hauptsächlich aus China, von Osten her aufmarschieren, und der Antichrist wird aus Europa eintreffen, um mit dieser Armee zu kämpfen. So wird ein blutiger Krieg auf dem Gebiet Israels stattfinden.

Atombomben werden eingesetzt werden, und Blut wird in Strömen fließen. Genau zu diesem Zeitpunkt wird Christus mit Seinen Heiligen erscheinen. Dann werden die Armee des Antichristen und die östliche Armee, die aus China und anderen asiatischen Ländern stammt, ihren Kampf gegeneinander einstellen und einen Kompromiß schließen, um gemeinsam gegen Christus zu kämpfen. Doch der Antichrist wird gefangengenommen und seine gesamte Armee durch das scharfe Schwert, das vom Munde Jesu ausgeht, vernichtet werden. Schließlich wird der Antichrist, der durch die Hand Jesu gefangengenommen wurde, zusammen mit seinen falschen Propheten lebendig in den See aus brennendem Feuer und Schwefel geworfen werden.

Das Ende aller Zeitalter

> Dies Gesicht von den Abenden und Morgen, das dir hiermit kundgetan ist, das ist wahr; aber du sollst das Gesicht geheimhalten; denn es ist noch eine lange Zeit bis dahin. Und ich, Daniel, war erschöpft und lag einige Tage krank. Danach stand ich auf und verrichtete meinen Dienst beim König. Und ich wunderte mich über das Gesicht, und niemand konnte es mir auslegen. (Verse 26-27)

Als Gabriel Daniel aufforderte „aber du sollst das Gesicht geheimhalten; denn es ist noch eine lange Zeit bis dahin" (Vers 26), meinte er, weil die Ereignisse dieser Vision Daniels eigenes Zeitalter nicht betrafen, daß er diese Vision für sich behalten sollte. Mittlerweile war die Vision so schockierend, daß Daniel, nachdem er sie gesehen hatte, für einige Tage krank lag.

Heute ist die Vision kein Geheimnis mehr. Wir leben jetzt an der Schwelle zur Endzeit. Bald wird das Gnadenzeitalter des Evangeliums von Jesus Christus durch ein Fortgehen des Heiligen Geistes zu einem Ende kommen.

Dieser Zeitabschnitt von bisher zweitausend Jahren war vor den Propheten geheimgehalten worden. Doch das Ende dieses Abschnitts wurde Joel vorhergesagt, als er sagte, daß Gott Seinen Geist auf Seine Knechte und Mägde ausgießen würde (vgl. Joel 3:1-2). Das geschah zu Beginn dieses Jahrhunderts, als der Spätregen des Heiligen Geistes in der pfingstkirchlichen Erweckung auf die Erde ausgegossen wurde. Bald wird das Werk des Heiligen Geistes beendet sein, und die Erntezeit wird beginnen, auch wenn wir die Stunde nicht wissen.

Um diese Zeit, wenn das Zeitalter des Evangeliums und der Zeitabschnitt der Ausgießung des Geistes sich ihrem Ende nähern, wird Israel wiedererstanden sein und seine nationale Einheit wiedergewonnen haben. Der Feigenbaum ist ein Symbol für Israel, und Jesus erklärte: „An dem Feigenbaum lernt ein Gleichnis: wenn seine Zweige jetzt saftig werden und Blätter treiben, so wißt ihr, daß der Sommer nahe ist. Ebenso auch: wenn ihr das alles seht, so wißt, daß er nahe vor der Tür ist" (Matthäus 24:32-33).

Der Feigenbaum Israel wanderte lange Zeit unter den Nationen umher, ist aber schließlich erneut wieder zu einer Nation geworden und treibt Blätter. Bald werden die zehn Länder von Europa vereinigt werden, und ein Herrscher wird aus ihnen hervorgehen. Er wird den Sieben-Jahres-Vertrag mit Israel abschließen. Mit dem Abschluß dieses Vertrages wird das Zeitalter der Gemeinde und die Zeit der Heiden enden. Dann wird die Zeit beginnen, in der Gott die jüdische Nation zum letzten Mal auffordert und ermahnt.

Achten Sie auf die Nachrichten, die heute aus Europa kommen, und Sie werden erkennen, wie genau und schnell diese Bibelstellen erfüllt werden. Es bleibt nicht mehr allzuviel Zeit übrig, um das Evangelium zu verkündigen. Wir wissen nicht genau, wie viele Jahre oder auch länger uns noch verbleiben, aber wir können sicher sein, daß wir uns jetzt an der Schwelle der Endzeit befinden.

9

Daniels Prophezeiung von den siebzig Wochen

Jeremias Prophezeiung
(9:1-2)

> Im ersten Jahr des Darius, des Sohnes des Ahasveros, aus dem Stamm der Meder, der über das Reich der Chaldäer König wurde, in diesem ersten Jahr seiner Herrschaft achtete ich, Daniel, in den Büchern auf die Zahl der Jahre, von denen der Herr geredet hatte zum Propheten Jeremia, daß nämlich Jerusalem siebzig Jahre wüst liegen sollte.

Wir sollten festhalten, daß Daniel, obwohl er solche tiefen Offenbarungen von Gott empfing, nicht das Studium der Heiligen Schrift vernachlässigte. Im Gegensatz hierzu machen einige Leute, wenn sie beten und ein klein wenig Offenbarung als Antwort auf ihre Gebete von Gott erhalten, große Worte über dieses und jenes, die sich nur auf diese Offenbarung gründen, und legen ihre Bibel beiseite.

Die Bücher oder Schriftrollen, in denen Daniel las, beziehen sich hier auf Jeremia. Während er im Buch dieses Propheten unter Gebet las, um herauszufinden, was in der Zukunft mit Israel geschehen würde, stieß er auf einen Abschnitt mit einer wunderbaren Verheißung:

„Und ich will wegnehmen allen fröhlichen Gesang, die Stimme des Bräutigams und der Braut, das Geräusch der Mühle und das Licht der Lampe, so daß dies ganze Land wüst und zerstört liegen soll. Und diese Völker sollen dem König von Babel dienen siebzig Jahre. Wenn aber die siebzig Jahre um sind, will ich heimsuchen den König von Babel und jenes Volk, spricht der Herr, um ihrer Missetat willen, dazu das Land der Chaldäer und will es zur ewigen Wüste machen" (Jeremia 25:10-12).

Diese Prophezeiung besagte, daß Israel in die Gefangenschaft weggeführt werden würde, um den babylonischen Königen siebzig Jahre lang zu dienen. Sie sagte ebenfalls voraus, daß Gott nach diesem Zeitabschnitt, wenn die von Ihm bestimmte Zeit erfüllt wäre, Babylon bestrafen und Israel Freiheit gewähren würde. Deshalb wurde Daniel von dieser Schriftstelle tief bewegt.

Wie wir bereits festgestellt haben, lag der Hauptgrund, daß Israel in die Gefangenschaft geführt wurde und siebzig Jahre zu leiden hatte, darin, daß es immer wieder den Sabbat gebrochen hatte. Deshalb bestrafte sie Gott für diese Handlungsweise. Das Sabbatgesetz beinhaltete drei absolute Auflagen.

Erstens sollten die Menschen sechs Tage lang arbeiten, aber am siebten Tag hatten sie ihre Arbeit einzustellen. Zweitens mußten Israeliten, die bei einem anderen Israeliten sechs Jahre lang Sklavendienste geleistet hatten, im siebten Jahr wieder in Freiheit gesetzt werden.

Und drittens mußten die Felder, die sechs Jahre lang bestellt worden waren, im siebten Jahr brach liegen bleiben. Gott hatte Israel eine überreichliche Ernte versprochen, die es in diesem Sabbatjahr versorgen würde, wenn es Seinem Gebot gehorsam wäre.

Doch die Israeliten brachen fortwährend alle Sabbatgesetze. Deshalb ließ Gott es zu, daß das Volk gefangengenommen und ins Exil geführt wurde, so daß das Land, dem der Sabbat bis zu diesem Zeitpunkt vorenthalten worden war, siebzig Jahre lang ruhen konnte.

Wir müssen neu erkennen, daß das Gebot, sechs Tage lang zu arbeiten und am siebten Tag zu ruhen, uns nicht gegeben wurde, um uns zu belasten, sondern um uns Segen zu bringen. Es ist das Gebot des Gottes, der das Universum geschaffen hat, und der weiß, was am besten für uns ist. Deshalb sollten auch wir heute nach diesem göttlichen Gebot leben. Sonst wird uns eine zwangsweise Ruhe verordnet werden, wie sie an Israel geschah, als es für siebzig Jahre in die Gefangenschaft geführt wurde.

Daniels Herz brannte, als er diesen Vers des Propheten las, der verhieß, daß sein Volk nach siebzig Jahren, wenn das Land geruht und die Juden von ihren falschen Wegen umgekehrt waren, aus der Gefangenschaft in sein Land zurückkehren würde. Der Tag, an dem er in die Heimat zurückkehren konnte, rückte näher. Alles was noch zu geschehen hatte, war die Umkehr und Buße des Volkes. Deshalb begann Daniel, für sein Volk in der Fürbitte einzutreten.

Das Geheimnis des erhörlichen Gebets
(9:3-4)

> Und ich kehrte mich zu Gott, dem Herrn, um zu beten
> und zu flehen unter Fasten und in Sack und Asche. Ich
> betete aber zu dem Herrn, meinem Gott, und bekannte
> und sprach: Ach, Herr, du großer und heiliger Gott, der
> du Bund und Gnade bewahrst denen, die dich lieben
> und deine Gebote halten!

Daniels Gebet war außergewöhnlich. Immer wenn ich
es lese, kann ich sein Herz nachempfinden, das zerris-
sen wird und für sein Volk blutet. Es war ein Gebet, angenehm vor Gott.

Wir sollten von Daniels Beispiel das Geheimnis eines Gebets lernen, das Gott angenehm ist und Erhörung
findet. Welche göttliche Verheißung wir auch haben
mögen, wenn wir nicht beten, kann sie nicht in Erfüllung gehen. Gebet ist eine grundlegende Bedingung zur
Erfüllung einer solchen Verheißung Gottes.

Durch den Propheten Jeremia hatte Gott Israel ohne
Zweifel versprochen, daß Er nach siebzig Jahren den
König von Babylon vernichten und die Israeliten wieder
in ihr Heimatland zurückkehren lassen würde. Diese
Verheißung gründete sich jedoch auf die Voraussetzung,
daß das Volk Gottes zuerst die Verheißung verstehen
mußte und dann zu beten begann. Die Verheißung bestand nicht in einer bedingungslosen Zusage, die sich
automatisch erfüllen würde.

Wenn die Bibel auch mehr als 32 500 Verheißungen
enthält, können diese jedoch nur dann in Erfüllung gehen, wenn wir Kenntnis von ihnen haben und dann für
ihre Erfüllung beten, wie Daniel es tat. Wenn wir eine

136

gleichgültige Haltung einnehmen und erklären: „Es mag so geschehen, wie Du willst", wird sich auch nicht eine einzige Verheißung in unserem Leben erfüllen. Das schöpferische Wirken Gottes wird nicht eher beginnen, bis die Verheißung Gottes, die vom Himmel herabkommt, und das Gebet des Volkes Gottes, das von der Erde emporsteigt, sich treffen und vereinigen.

Daniels zusätzliche Anstrengungen

Nachdem Daniel die Verheißung Gottes kannte, die bei Jeremia aufgezeichnet war, beschloß er, inständig zu Gott zu beten. Er wollte keine halbherzige Angelegenheit daraus machen.

Wir müssen heute auf die gleiche Weise beten. Ohne feste Entschlossenheit in unserem Gebet können wir keine Antwort erwarten. Wenn wir halbherzig beten und einfach nur sagen: „Amen, ich glaube", wird unser Gebet nicht in den Himmel zu Gott emporsteigen.

Um sicherzugehen, daß Gott sein Gebet ganz bestimmt beantworten würde, unternahm Daniel einige zusätzliche Anstrengungen. Als erstes fastete er. Wahres, kraftvolles Gebet ist ein Beten, das sich mit Fasten verbindet. Wenn wir ernsthaft beten, bis dahin, daß wir von unserem starken menschlichen Verlangen nach Nahrung Abstand nehmen, wird unser Gebet auch zu Gott emporsteigen. Aber wenn wir beten, während wir noch unser Verlangen nach Nahrung und Schlaf befriedigen, kann unser Gebet nicht über das Maß einer gewöhnlichen Bitte hinausreichen.

Die zweite zusätzliche Anstrengung bestand darin,

daß Daniel einen Sack anlegte. Durch das Anlegen von grober Kleidung anstelle der bequemen Kleidung zeigte Daniel, daß er zutiefst Buße tat. Er ging sogar noch einen Schritt weiter, um sich zu demütigen: Er betete mit Asche auf dem Haupt.

Diese Art fester Entschlossenheit, die Daniel zeigte, ist ein absolut erforderlicher Bestandteil für ein erhörliches Gebet. Besonders wenn wir für ein schwerwiegendes Problem beten, dem wir gegenüberstehen, können wir die Macht des Teufels nur dann brechen, wenn wir bereit sind, Gott im Gebet und in der Fürbitte, mit Fasten und in Sack und Asche zu bitten.

Daniels Sündenbekenntnis
(9:5-6)

> Wir haben gesündigt, Unrecht getan, sind gottlos gewesen und abtrünnig geworden; wir sind von deinen Geboten und Rechten abgewichen. Wir gehorchten nicht deinen Knechten, den Propheten, die in deinem Namen zu unseren Königen, Fürsten, Vätern und zu allem Volk des Landes redeten.

In dreierlei Hinsicht ist Daniels Gebet für uns ein Beispiel. Der erste Gesichtspunkt ist das Bekenntnis der Sünden.

Kein Mensch lebt ohne Sünde. Die Bibel sagt: „Da ist keiner, der gerecht ist, auch nicht einer . . . sie sind allesamt Sünder und ermangeln des Ruhmes, den sie bei Gott haben sollten" (Römer 3:10,23).

Es sind nicht die Sünder, die von Gott in die Hölle geschickt werden; es sind vielmehr die Sünder, die nicht umkehren und Buße tun. Das Furchtbarste ist also nicht die Sünde, sondern das unbußfertige Herz.

Aus diesem Grund müssen wir, wenn wir zu Gott kommen, zuerst bußfertig beten und unsere Sünden bekennen. Wenn Gott sieht, daß wir uns hin zu Ihm kehren, indem wir unsere Sünden bekennen, verweigert Er sich uns nicht. Statt dessen hat er Barmherzigkeit mit einem reuevollen und zerknirschten Herzen, das Seine Vergebung sucht.

Beachten Sie Daniels Gebet der Umkehr und der Buße. Vielleicht besaß kein Mensch mehr Treue gegenüber Gott als Daniel, der die Wahrhaftigkeit und Integrität seines Glaubens fest beibehielt und bewahrte. Doch er entschied sich, nicht nur seine eigene Sünde im Bekenntnis auf seine Schultern zu nehmen, sondern auch die Sünden aller Juden.

Wir sollten lernen, Daniels Haltung zu folgen. Wie er sollten wir nicht nur unsere eigenen Sünden bekennen, sondern genauso auch die Sünden unseres Landes und unseres Volkes.

Daniel sprach in seinem Gebet: „Wir haben gesündigt, Unrecht getan, sind gottlos gewesen und abtrünnig geworden; wir sind von deinen Geboten und Rechten abgewichen" (Vers 5). Was ist unsere Sünde? Es ist die Übertretung der Gebote Gottes. Wenn wir die Gebote Gottes kennen und sie dennoch übertreten, begehen wir eine Sünde.

Daniel bekannte ebenso die Sünde der Gleichgültigkeit, die das Volk gegen das Wort des Herrn beging. Er bekannte, daß die Juden nicht nur das Gesetz Gottes übertreten, sondern auch darin versagt hatten, auf die Diener Gottes, die Propheten, zu hören. Daniel tat insbesondere Buße wegen der Sünden der Führer Israels in der Vergangenheit und klagte bitterlich darüber, als wären es seine eigenen Sünden.

Wenn wir Gott Gebete entgegenbringen wollen, die Ihm angenehm sind, müssen auch wir uns selbst prüfen, ob wir irgendwo die Gebote Gottes übertreten haben. Wenn wir feststellen, daß dies der Fall ist, müssen wir es bekennen. Zusätzlich sollten wir nicht nur unsere eigene Sünde bekennen, sondern auch die Sünden unserer Familienmitglieder, wenn wir sie im Gebet vor Gott bringen.

Das Bekennen ist entscheidend für unser geistliches Leben. Heutzutage geschieht es, wenn einige Menschen versuchen, den Heiligen Geist zu empfangen, daß sie statt dessen das Opfer eines bösen Geistes werden, weil sie kein durchgreifendes Bekenntnis ihrer Sünden ablegten, bevor sie um den Empfang des Geistes beteten. Weil in den Herzen dieser Menschen noch Sünde vorhanden ist, kann der Heilige Geist nicht bei ihnen einkehren. Was die Sache aber noch schlimmer macht, ist, daß möglicherweise ein böser Geist von ihnen Besitz ergreifen kann, der nach Sünde sucht, um ihre Herzen zu bedrücken, da ihre Herzen weit geöffnet sind.

Aus diesem Grunde müssen wir, wenn wir zu Jesus kommen, um eine besondere Gnade zu empfangen, nachdem uns unsere Sünden durch den Glauben an Ihn vergeben worden sind, zuerst all unsere Sünden bekennen, an die wir uns erinnern können, und sie durch das kostbare Blut Jesu abwaschen lassen. Wenn wir uns vor dem Gebet zu Gott mit Reinheit überkleiden, kann der Teufel unsere Herzen nicht betreten.

Der Satan ist wie eine Fliege. Er haßt saubere Orte. Wie wir einen schmutzigen Mülleimer entfernen, um die Fliegen davon abzuhalten, sich in unserem Haus darum zu versammeln, so sollten wir unsere Sünden behandeln, als wären sie Mülleimer, indem wir sie aus unseren Herzen entfernen. Wenn wir dies unterlassen, haben wir keinen Grund, uns darüber zu beschweren, daß wir von dem Teufel versucht werden.

Das Gebet um ein zerbrochenes Herz (9:7-15)

Du, Herr, bist gerecht, wir aber müssen uns alle heute schämen, die von Juda und von Jerusalem und vom ganzen Israel, die, die nahe sind, und die zerstreut sind in allen Ländern, wohin du sie verstoßen hast um ihrer Missetat willen, die sie an dir begangen haben. Ja, Herr, wir, unsre Könige, unsre Fürsten und unsre Väter müssen uns schämen, daß wir uns an dir versündigt haben. Bei dir aber, Herr, unser Gott, ist Barmherzigkeit und Vergebung. Denn wir sind abtrünnig geworden und gehorchten nicht der Stimme des Herrn, unseres Gottes, und wandelten nicht in seinem Gesetz, das er uns vorlegte durch seine Knechte, die Propheten; sondern ganz Israel übertrat dein Gesetz, und sie wichen ab und gehorchten deiner Stimme nicht. Darum trifft uns auch der Fluch, den er geschworen hat und der geschrieben steht im Gesetz des Mose, des Knechtes Gottes, weil wir an ihm gesündigt haben. Und Gott hat seine Worte gehalten, die er geredet hat gegen uns und unsere Richter, die uns richten sollten, daß er ein so großes Unglück über uns hat kommen lassen; denn unter dem ganzen Himmel ist derartiges nicht geschehen wie in Jerusalem. Wie es geschrieben steht im Gesetz des Mose, so ist all dies große Unglück über uns gekommen. Aber wir beten auch nicht vor dem Herrn, unserm Gott, so daß wir uns von unsern Sünden bekehrt und auf deine Wahrheit geachtet hätten. Darum ist der Herr auch bedacht gewesen auf dies Unglück und hat's über uns kommen lassen. Denn der Herr, unser Gott, ist gerecht in allen seinen Werken, die er tut; aber wir gehorchten seiner Stimme nicht. Und nun, Herr, unser Gott, der du dein Volk aus Ägyptenland geführt hast mit starker Hand und hast dir einen Namen gemacht, so wie es heute ist: wir haben gesündigt, wir sind gottlos gewesen.

Ein zweiter Gesichtspunkt in dem Gebet Daniels liegt darin, daß es sich hier um das Gebet handelt, ein zerbrochenes Herz zu erlangen. Er war so beschämt über die Sünden seines Volkes, daß er nur noch weinen und bekennen konnte, daß Israel die Schande und die Ungnade, in die es gefallen war, verdient hatte. Er zeigte Israels Halsstarrigkeit auf und gab zu, daß, selbst wenn Jerusalem durch das beispiellose Gericht Gottes zu einer Ruine geworden war, Israel das Gericht dennoch verdient hatte: Das Volk hatte weder Buße getan noch Gottes Gnade gesucht, selbst nicht im letzten Augenblick vor der Wegführung in ein heidnisches Land.

Wissen Sie, was wahre Buße ist? Sie erfordert, daß wir es unterlassen, unsere Sünden zu entschuldigen oder über eine gegenwärtige Krankheit zu klagen, an der wir möglicherweise wegen unserer Sünde leiden mögen. Ein aufrichtiger bußfertiger Sünder betet: „Herr, ich verdiene die Schwierigkeiten, die ich habe. Die Gerechtigkeit ist bei Dir, mein Teil aber ist die Strafe. Doch im Vergleich mit den Sünden, die ich begangen habe, ist selbst diese Strafe eine leichte Strafe. Ich danke Dir." Ein Gebet wie dieses ist ein Gebet, das einem zerbrochenen Herzen entspringt.

Ich danke Dir, denn Du willst mich zurecht bringen

142

x und wie ist es mit mir? Bin ich beschämt über alle Sünden meines deutschen Volkes?

Das Gebet um Vergebung und Wiederherstellung (9:16-9)

Ach Herr, um aller deiner Gerechtigkeit willen wende
ab deinen Zorn und Grimm von deiner Stadt Jerusalem
und deinem heiligen Berg. Denn wegen unserer Sünden
und wegen der Missetaten unserer Väter trägt Jerusalem und dein Volk Schmach bei allen, die um uns her
wohnen. Und nun, unser Gott, höre das Gebet deines
Knechtes und sein Flehen. Laß leuchten dein Antlitz
über dein zerstörtes Heiligtum um deinetwillen, Herr!
Neige dein Ohr, mein Gott, und höre, tu deine Augen
auf und sieh an unsere Trümmer und die Stadt, die nach
deinem Namen genannt ist. Denn wir liegen vor dir mit
unserm Gebet und vertrauen nicht auf unsre Gerechtigkeit, sondern auf deine große Barmherzigkeit. Ach
Herr, höre! Ach Herr, sei gnädig! Ach Herr, merk auf!
Tu es und säume nicht — um deinetwillen, mein Gott!
Denn deine Stadt und dein Volk ist nach deinem Namen
genannt.

Drittens betete Daniel inständig um Gottes Vergebung
und Wiederherstellung. Er berief sich auf das gerechte
Handeln Gottes, das Er den Juden bis auf diesen Tag er-
wiesen hatte. Wenn auch das Volk seine verdiente Strafe
erlitt, so bat er Gott dennoch, sich an die heilige Stadt
Jerusalem zu erinnern und Barmherzigkeit mit ihr zu
haben. Und er bat Gott, das zerstörte Heiligtum um
Seiner selbst willen wiederherzustellen.

In all diesen Bereichen sollten wir wie Daniel beten,
indem wir die Gesichtspunkte seines Gebets, die wir
hier betrachtet haben, im Gedächtnis behalten. Und
wenn wir ein Gebet sprechen, das ein Sündenbekenntnis
beinhaltet, sollten wir uns nicht von diesem Ziel abbrin-
gen lassen, weil wir besorgt oder beunruhigt sind. Wir

müssen unser Gebet kurz und treffend formulieren, indem unser Gebet diese drei Elemente aus dem Gebet Daniels widerspiegelt.

Zusätzlich sollten wir ein gründliches Sündenbekenntnis für unsere Familie und unser Land ablegen. Die Bibel sagt uns deutlich:

„Siehe, des Herrn Arm ist nicht zu kurz, daß er nicht helfen könnte, und seine Ohren sind nicht hart geworden, so daß er nicht hören könnte, sondern eure Verschuldungen scheiden euch von eurem Gott, und eure Sünden verbergen sein Angesicht vor euch, daß ihr nicht gehört werdet" (Jesaja 59:1-2).

Schließlich sollten wir Gott bitten, uns die Fähigkeit zu verleihen, so zu leben, daß wir unsere äußerste Anstrengung für den Namen des Herrn und für Seine Herrlichkeit einsetzen. „Allein nur für den Herrn" sollte letztlich das zentrale Thema unseres Bittens und Flehens sein.

Ich bete in Jesu Namen, daß Sie lernen mögen, wie Daniel zu beten.

Gabriels Antwort auf Daniels Gebet (9:20-23)

Als ich noch so redete und betete und meine und meines Volkes Israel Sünde bekannte und mit meinem Gebet für den heiligen Berg meines Gottes vor dem Herrn, meinem Gott, lag, eben als ich noch so redete in meinem Gebet, da flog der Mann Gabriel, den ich zuvor im Gesicht gesehen hatte, um die Zeit des Abendopfers dicht an mich heran. Und er unterwies mich und redete mit mir und sprach: Daniel, jetzt bin ich ausgegangen, um dir zum rechten Verständnis zu verhelfen. Denn als du anfingst zu beten, erging ein Wort, und ich komme, um dir's kundzutun; denn du bist von Gott geliebt. So merke nun auf das Wort, damit du das Gesicht verstehst.

Daniels Gebet war so gut vorbereitet und so fest auf die drei von uns hier besprochenen Elemente gegründet, daß die göttliche Antwort einfach vom Thron Gottes herabkommen mußte. Der Erzengel Gabriel wurde damit beauftragt, Daniel diese Antwort zu überbringen.

Der Bericht über das Gebet Daniels ist so kurz, weil er nur das Wesentliche seines Gebets enthält. Tatsächlich betete Daniel den ganzen Tag, vom Morgen bis zum Abendopfer. Und um die Zeit des Abendopfers erschien Gabriel.

Nach der Bibel hatte Jakob einen Traum, in dem er eine Leiter sah, die von der Erde bis in den Himmel reichte und auf der die Engel Gottes auf und nieder fuhren (vgl. 1. Mose 28:12). Diese Engel Gottes, die zwischen Himmel und Erde verkehren, zählen mehr als zehntausend mal zehntausend und sind Gottes dienstbare Geister, ausgesandt zum Dienst um des Volkes Gottes willen (vgl. Hebräer 1:14). Wenn wir zu Gott beten, beantwortet Er also unser Gebet durch die Aussendung eines Engels dieser himmlischen Heerscharen.

Wann immer wir ein Gott angenehmes Gebet sprechen, erfolgt Gottes Antwort sofort. Aber die Engel benötigen Zeit, um sie zu uns zu bringen. Gott ist allwissend, allmächtig und allgegenwärtig, aber Seine Engel sind es nicht. Seien Sie deshalb nicht entmutigt, auch wenn Sie keine schnelle Antwort auf Ihr Gebet empfangen.

Daniels siebzig Jahre
(9:24-27)

> Siebzig Wochen sind verhängt über dein Volk und über
> deine heilige Stadt; dann wird dem Frevel ein Ende ge-
> macht und die Sünde abgetan und die Schuld gesühnt,
> und es wird ewige Gerechtigkeit gebracht und Gesicht
> und Weissagung erfüllt und das Allerheiligste gesalbt
> werden. (Vers 24)

Als Gabriel bei Daniel mit Gottes Antwort auf sein Gebet erschien, sprach er über die siebzig Wochen in der
Prophezeiung Jeremias. Dieser kurze Abschnitt erhellt
einen großen Teil der biblischen Geschichte und bietet
einen Schlüssel zum Verständnis der Gesamtzusammen-
hänge der Bibel.

Wenn wir diesen Abschnitt allein lesen müßten,
ohne daß er uns von jemandem erklärt wird, würden
wir ihn als eines der schwierigsten Rätsel in der Welt betrachten. Aber wenn wir diese Worte im Lichte dessen
lesen, was wir bisher in den vorhergehenden Kapiteln
bei Daniel betrachtet haben und was uns im Buch der
Offenbarung mitgeteilt wird, ist ihre Bedeutung vollständig offenbart.

Wie wir aus Gabriels Anfangsworten seiner Deutung
in Vers 24 erkennen können, konzentriert sich diese
Prophezeiung auf das jüdische Volk. Ich glaube, es geschieht, weil die Geschichte des Volkes Gottes, wie sie
in der Bibel aufgezeichnet ist, immer als eine Uhr für
die Geschichte der ganzen Welt dient. Es meint, daß wir
die Geschichte der Juden betrachten müssen, wie wir
auf eine Uhr schauen, um die Zeit zu erfahren, damit
wir den Zeitablauf der Weltgeschichte verstehen, denn

Gott offenbart die Geschichte der Welt durch das jüdische Volk.

Da eine Woche in sieben Tage eingeteilt ist, bedeutet der Ausdruck „siebzig Wochen" an dieser Stelle siebzig mal sieben oder 490 Tage. Was ist das Besondere an diesen 490 Tagen?

Nach dem vierten Buch Mose gaben die Kundschafter, als sie nach ihrer vierzigtägigen Erkundung des Landes Kanaan zurückkehrten, einen negativen Bericht über das Land, so daß die Israeliten, die diesen Bericht entgegennahmen, gegen Gott murrten. Deshalb wurde Gott zornig und schickte Israel mit den Worten in die Wüste zurück: „Nach der Zahl der vierzig Tage, in denen ihr das Land erkundet habt — je ein Tag soll ein Jahr gelten —, sollt ihr vierzig Jahre eure Schuld tragen, auf daß ihr innewerdet, was es sei, wenn ich die Hand abziehe" (4. Mose 14:34).

Wenn wir das gleiche Prinzip auf die Zeit Jeremias anwenden, um die Länge der Gerichtszeit über Israel zu ermitteln, dann würden sich die siebzig Wochen oder 490 Tage auf 490 Jahre beziehen. Die folgenden Verse zeigen an, daß es 69 Wochen vom Erlaß zum Wiederaufbau und zur Wiederherstellung Jerusalems bis zur Zeit des Messias dauern wird. Die letzte, das heißt die siebzigste Woche, bezieht sich auf die große Trübsal, die noch geschehen wird. Zusammengefaßt sind also siebzig Wochen oder 490 Jahre für den Zeitabschnitt, von der Rückkehr der Juden aus der Gefangenschaft bis zum Tausendjährigen Reich festgelegt, das mit der Wiederkunft Jesu auf diese Erde beginnt. Hierbei ist die Zahl 490 für die Juden eine von göttlicher Fügung bestimmte und historische Zahl.

Was wird nach 490 Jahren geschehen?

Die Bibel sagt, daß die Zeit der Missetat oder Übertretung des ganzen jüdischen Volkes nach siebzig Wochen oder 490 Jahren zu Ende gehen würde. Diese Zeit wurde bestimmt, um alle Missetaten Israels gegen Gott zu beenden, um der Sünde ein Ende zu bereiten, die mit Adam und Eva begann, und um alle Boshaftigkeit für immer zu sühnen.

Das alles geschah, als unsere Sünden ein für allemal durch das kostbare Blut von Jesus Christus, das Er am Kreuz vergoß, ausgetilgt wurden, und eine ewige Gerechtigkeit erwirkt war. Bis zu dieser Zeit waren alle Visionen oder Gesichte und Prophezeiungen versiegelt. Nachdem nunmehr alle diese Ereignisse stattgefunden haben, wird Jesus Christus als der Gesalbte wiederkommen, um die Herrschaft über die Erde anzutreten. Zuletzt wird diese Erde dann vollständig in das Reich Gottes umgewandelt werden.

Deshalb müssen eigentlich diejenigen, die in unserer Zeit Kritik an der Bibel üben, vor der Prophetie Daniels verstummen. Wenn die Bibel ein Buch wäre, das nicht durch göttliche Offenbarung aufgezeichnet, sondern von Menschen zusammengestellt worden wäre, wie konnte dann Daniel, indem er es vor sechsundzwanzig Jahrhunderten niederschrieb, so genau Ereignisse aufzeigen, die in unserem Zeitalter stattfinden würden und auch noch in Zukunft geschehen? Mit Sicherheit hat Daniel keine Ereignisse der Vergangenheit prophezeit, sondern vielmehr zukünftige Geschehnisse.

Der Befehl zum Wiederaufbau Jerusalems

> So wisse nun und gib acht: Von der Zeit an, als das Wort erging, Jerusalem werde wiederaufgebaut werden, bis ein Gesalbter, ein Fürst, kommt, sind es sieben Wochen und zweiundsechzig Wochen; und es wird wieder aufgebaut sein mit Plätzen und Gräben, wiewohl in kummervoller Zeit. (Vers 25)

Der Gesalbte oder Messias in diesem Abschnitt bezieht sich auf Christus. Die hier vorliegenden Worte handeln vom ersten Kommen Jesu.

Gabriel teilte Daniel mit, daß der gesalbte König nach sieben Wochen und zweiundsechzig Wochen, oder neunundsechzig Wochen, in Israel geboren werden würde. Während der ersten sieben Wochen würde Jerusalem wiederaufgebaut werden; der König würde zweiundsechzig Wochen später geboren werden. Deshalb muß es unser Interesse sein, den Zeitpunkt zu bestimmen, wann der Befehl zum Wiederaufbau und zur Wiederherstellung Jerusalems gegeben wurde.

In Esra 1:1 lesen wir, daß der Erlaß zum Wiederaufbau Jerusalems im ersten Jahr des Königs Kyrus von Persien erteilt wurde. Der Erlaß ist dort wie folgt aufgezeichnet:

„Im ersten Jahr des Kyrus, des Königs von Persien, erweckte der Herr — damit erfüllt würde das Wort des Herrn, das durch den Mund Jeremias gesprochen war — den Geist des Kyrus, des Königs von Persien, daß er in seinem ganzen Königreich mündlich und auch schriftlich verkünden ließ: So spricht Kyrus, der König von Persien: Der Herr, der Gott des Himmels, hat mir alle Königreiche der Erde gegeben, und er hat mir befohlen, ihm ein Haus zu Jerusalem in Juda zu bauen. Wer nun unter euch von seinem Volk ist, mit dem sei sein Gott, und er ziehe hinauf nach Jerusalem in Juda und baue das Haus des Herrn, des Gottes Israels; das ist der Gott, der zu Jerusalem ist. Und wo auch immer einer übriggeblieben ist, dem sollen die Leute des Orts, an dem er als Fremdling gelebt hat, helfen mit Silber und Gold, Gut und Vieh außer dem, was sie aus freiem Willen für das Haus Gottes zu Jerusalem geben" (Esra 1:1-4).

Somit war der Erlaß des Kyrus, der den Juden erlaubte, in ihr Heimatland zurückzukehren, die göttliche Antwort auf Daniels Gebet. Wie bei Jeremia prophezeit, hatte Gott, genau siebzig Jahre nach dem Exil, Kyrus von Persien den Erlaß verkünden lassen, die Juden in ihr Heimatland zurückzusenden und ihnen zu erlauben, das Heiligtum wieder aufzubauen — aber nicht die Stadt Jerusalem.

Doch die Prophezeiung, die Daniel erhielt, sagt uns, daß das Datum der Erscheinung des Messias von dem Tag an gerechnet werden muß, an dem der Erlaß zur Wiederherstellung und zum Wiederaufbau Jerusalems ergeht. Dies geschah im Monat Nisan im zwanzigsten Jahr des Königs Artaxerxes. Überträgt man diese Daten auf unsere moderne Zeitrechnung, so entspricht das dem 14. März 445 v. Chr.; das können wir aus Kapitel 1 und 2 in Nehemia entnehmen.

Daniels Prophetie besagt, daß es sieben Wochen und zweiundsechzig Wochen von der Bekanntmachung des Erlasses zum Wiederaufbau von Jerusalem bis zum Kommen des Gesalbten, des Fürsten, sein werden. Das hebräische Wort für „Woche" kann auch mit „sieben" übersetzt werden. Neunundsechzig „Wochen" könnten also auch als neunundsechzig mal „sieben" verstanden werden. Sie können es selbst nachrechnen:

(7 Jahre x 7) + (62 Jahre x 7) = 483 Jahre.

Die Prophezeiung sagt, daß Jerusalem „mit Plätzen und Gräben" in sieben Jahren mal sieben wiederaufgebaut werden würde. Später erfüllten sich diese Worte: Es dauerte tatsächlich sieben mal sieben Jahre, oder neunundvierzig Jahre, bis Jerusalem wiederhergestellt war.

Darüber hinaus beinhaltet die Prophezeiung, daß der Gesalbte, der Messias, kommen wird, wenn zweiundsechzig Wochen vergangen sind. Auch das hat sich in der Geschichte erfüllt. Zweiundsechzig Wochen stellen 434 Jahre dar; und 434 Jahre nach dem Wiederaufbau Jerusalems ritt Jesus auf einem Esel in Jerusalem ein, wo eine große Menschenmenge ihn als König willkommen hieß. Das ist der Tag, den wir als Palmsonntag bezeichnen.

Daniels Prophezeiung zeigt meiner Meinung nach sogar das genaue Datum des Einzugs Jesu in Jerusalem. Im jüdischen Kalender zählte ein Jahr 360 Tage anstelle von 365 Tagen, wie in unserem gegenwärtigen Kalender. Ein Schaltjahr wurde wie heute alle vier Jahre eingefügt. Wenn wir sieben Wochen und zweiundsechzig Wochen — also 483 Jahre — zum 14. März 445 v. Chr. (dem Monat Nisan im zwanzigsten Jahr des Königs Artaxerxes) hinzuaddieren und die notwendigen Kalenderkorrekturen wegen der Differenzen in den Kalendern berücksichtigen, erhalten wir den 6. April 32 n. Chr. Das ist die ungefähre Zeit, wenn nicht sogar der genaue Tag, an dem Jesus als König in Jerusalem einzog. Preis dem Herrn! Wenn Daniels Prophezeiungen nicht eine wahre Offenbarung Gottes gewesen wäre, hätten sie nicht so sehr genau sein können.

> Und nach den zweiundsechzig Wochen wird ein Gesalbter ausgerottet werden und nicht mehr sein. (Vers 26a)

Die Prophezeiung besagt weiter, daß nach den zweiundsechzig Wochen der Gesalbte ausgerottet werden wird. So sagte Daniel auch die Kreuzigung unseres Herrn voraus.

Aber warum würde der Gesalbte, der Messias, das ist Christus der Sohn Gottes, ausgerottet werden, sobald Er als der König in Jerusalem eingezogen war? Dieser König starb nicht wegen Seiner eigenen Sünde. Er trug freiwillig unsere Schwachheit, unsere Niederträchtigkeit, unsere Verzweiflung und unseren Fluch. Er starb am Kreuz durch Seinen eigenen freien Willen, um uns eine ewige Heimat zu bereiten. Wie erstaunlich und wunderbar ist die Gnade des Herrn!

Das Volk eines kommenden Fürsten

> Und das Volk eines Fürsten wird kommen und die Stadt und das Heiligtum zerstören, aber dann kommt das Ende durch eine Flut, und bis zum Ende wird es Krieg geben und Verwüstung, die längst beschlossen ist. (Vers 26b)

Nach der Vision Daniels würden, nachdem der Messias ausgerottet worden war, Jerusalem und das Heiligtum zerstört werden. Das geschah tatsächlich im Jahre 70 n. Chr. Nach der Kreuzigung Jesu rebellierten die Juden

152

gegen Rom, um ihre Freiheit zu erlangen, doch wurde der Aufstand sehr schnell durch die römische Armee unter Titus niedergeschlagen. Die Prophezeiung besagt weiterhin, daß das Ende wie eine Flut kommen wird, Krieg bis zum Untergang herrscht und die Verwüstung längst beschlossen ist. Während der Niederschlagung des Aufstands zerstörten die Römer Jerusalem so vollständig, daß kein Stein auf dem anderen blieb. Man sagt, daß eine halbe Million junger Juden in diesem Aufstand gegen die Römer getötet wurden und das Blut wie ein Strom durch Jerusalem floß.

Wie wir bereits festgestellt haben, hat Gott das Zeitalter der Gemeinde — das heißt, die Zeit vom ersten Kommen Christi bis zu seiner Wiederkunft —, weil es nichts mit der Geschichte der Juden zu tun hat, aus der jüdischen Prophetie herausgenommen.

Von diesen siebzig durch Daniel prophezeiten Wochen sind die ersten neunundsechzig Wochen bereits erfüllt: Jerusalem wurde wiederhergestellt und wiederaufgebaut während der sieben Wochen; zweiundsechzig Wochen danach erschien der Gesalbte, Jesus Christus, und wurde ausgerottet oder getötet; und „das Volk eines Fürsten", nämlich Titus, der römische General, zerstörte Jerusalem. Während der folgenden zweitausend Jahre lebten die Menschen in einer Welt, die durch eine ununterbrochene Folge von Kriegen, wie das Kommen einer Flut, verwüstet worden ist.

Die letzte Woche

> Er wird aber vielen den Bund schwermachen eine Woche lang (oder: Und stark machen wird er einen Bund für die Vielen). Und in der Mitte der Woche wird er Schlachtopfer und Speisopfer abschaffen. Und im Heiligtum wird stehen ein Greuelbild, das Verwüstung anrichtet, bis das Verderben, das beschlossen ist, sich über die Verwüstung ergießen wird. (Vers 27)

Plötzlich erscheint in Vers 27 eine einzelne Woche. Diese eine Woche bezieht sich auf sieben Jahre.

Wer ist derjenige, der „stark machen wird einen Bund für die Vielen?" Wenn wir den Kontext in Betracht ziehen, bezieht sich das Wort „Er" auf den „Fürsten" in Vers 26 — und das ist der römische Führer. Doch Rom existiert heute nicht mehr. Wie also kann der römische Führer kommen und mit den Juden einen Bund für sieben Jahre bekräftigen? Eigentlich haben wir dieses Geheimnis schon gelöst.

Erinnern Sie sich an das Zeitalter der Zehen von dem Standbild, das König Nebukadnezar beschrieb, und an das Zeitalter der zehn Hörner des vierten Tieres, das Daniel sah? Beide symbolisieren die zehn Nationen in einem vereinten Europa, das auf dem ehemaligen Gebiet des Römischen Reiches entstehen wird. Wie wir gesehen haben, existiert heute das letzte Zeitalter, und die Vereinigung der zehn Staaten auf dem ehemaligen Gebiet Roms nimmt rasch Gestalt an.

Wenn ein vereintes Europa auf diese Weise entstanden ist, wird der Antichrist, auf den in Vers 27 Bezug genommen wird, daraus hervorgehen. Er wird einen Bund bekräftigen mit den Vielen, und das bezieht sich auf die jüdische Nation. Doch dazu war es notwendig, daß Israel zuerst den Status einer Nation wiedererlangt, damit dieser Sieben-Jahres-Vertrag in Erfüllung gehen kann.

Noch vor einem halben Jahrhundert waren die Juden immer noch ein im Exil umherziehendes Volk. Zu dieser Zeit muß die letzte von den siebzig Wochen Daniels wie ein Traum erschienen sein. Aber jetzt hat sich alles verändert: Israel ist seit seiner Wiedergeburt im Jahre 1948 erneut ein Staat und wartet jetzt sozusagen auf die Bestätigung des Sieben-Jahres-Vertrags.

„In der Mitte der Woche" (Vers 27) bezieht sich auf denselben Zeitabschnitt, den Johannes in der Offenbarung (12:14) mit „eine Zeit und zwei Zeiten und eine halbe Zeit" bezeichnet — das heißt die ersten dreieinhalb Jahre. Wenn diese dreieinhalb Jahre vorüber sind, wird der Antichrist den Schlachtopfern und den Opfern im Tempel von Jerusalem ein Ende bereiten. Und in einem Flügel des Tempels wird er ein Greuelbild aufstellen, das Verwüstung anrichtet.

Wie wir bereits gesehen haben, wird er sein eigenes Standbild im Tempel aufstellen, um sich als Gott verehren zu lassen. Dann wird er die Juden dazu zwingen, vor dem Götzen niederzufallen, da sie sonst des Todes sterben werden. Doch die Juden, die das Gesetz des Mose gehalten haben, werden diese Anordnung mißachten, und eine brutale Verfolgung wird einsetzen.

Jesus bezog sich auf diese Zeit und erklärte, daß eine große Bedrängnis herrschen würde, wie sie vom Anfang der Welt noch nicht gewesen ist. Doch nur durch solch eine tragische und schreckliche Verfolgung werden die Juden schließlich zerbrochen sein, so daß sie sich Jesus Christus als ihrem Retter hingeben.

Zuletzt wird Gottes Zorn ausgegossen werden, und wenn die zweite Hälfte der Trübsalszeit endet, wird Jesus Christus auf diese Erde kommen, um sie zu richten und Seine tausendjährige Herrschaft antreten.

Wir leben jetzt am Ende des letzten Zeitalters. Wachen und beten Sie. Denn Sie wissen nicht genau, wann der Bräutigam kommen wird (vgl. Matthäus 25:1-13). Aber weil die Nacht weit vorgedrungen ist, muß das Kommen des Bräutigams nahe vor der Tür sein. Sie müssen bereit sein, um am Hochzeitsmahl des Lammes teilzunehmen.

Wenn der Herr selbst vom Himmel herabkommt, mit lautem Befehl, mit der Stimme des Erzengels und mit dem Schall der Posaune Gottes, werden Sie verwandelt werden und zusammen mit den Toten, die in Christus gestorben sind, aber zuvor auferweckt wurden, entrückt auf den Wolken, um dem Herrn in der Luft zu begegnen (vgl. 1. Thessalonicher 4:16-17). Vergewissern Sie sich, Öl in Ihrer Lampe zu haben!

10

Der Kampf in der geistlichen Welt

**Daniels letzte Vision
(10:1-9)**

> Im dritten Jahr des Königs Kyrus von Persien wurde
> dem Daniel, der Beltschazar heißt, etwas offenbart,
> was gewiß ist und von großen Dingen handelt. Und er
> achtete darauf und verstand das Gesicht. Zu der Zeit
> trauerte ich, Daniel, drei Wochen lang. Ich aß keine
> leckere Speise; Fleisch und Wein kamen nicht in mei-
> nen Mund; und ich salbte mich auch nicht, bis die drei
> Wochen um waren. Und am vierundzwanzigsten Tage
> des ersten Monats war ich an dem großen Strom Tigris.
> (Verse 1-4)

Drei Wochen lang trauerte und betete Daniel, während
er teilweise fastete. Die Offenbarung, die er danach
empfing und von der in Kapitel 10 berichtet wird, handelt vom Kampf in der geistlichen, unsichtbaren Welt.
Demgegenüber betrifft die Offenbarung in Kapitel 11 einen Krieg in der sichtbaren, menschlichen Welt.

Zu dieser Zeit war Daniel sechsundachtzig Jahre alt. Wenn er noch irgendeine sehnsüchtige Hoffnung besaß, dann war es wahrscheinlich der Wiederaufbau und die Wiederherstellung Jerusalems und des Tempels sowie die Rückkehr der Juden in ihr Heimatland. Und tatsächlich hatten drei Jahre zuvor Esra und Nehemia die Juden in ihre Heimat zurückgeführt, um die Nation wiederherzustellen. Doch Daniel erhielt regelmäßig Nachricht, daß der Wiederaufbau des Tempels sich wegen der Einmischungen und falschen Beschuldigungen der Nachbarländer Judas verzögerte. Als Daniel diese Nachrichten hörte, wurde er darüber so betrübt, daß er sich entschloß, für die Rettung seines Heimatlandes zu beten.

Deshalb begab sich Daniel mit mehreren anderen an den Fluß Hiddekel, den heutigen Tigris, um zu beten. Er aß keine ausgewählte Speise, bis die drei Wochen vorüber waren. Im Alter von beinah neunzig Jahren war er für ein vollständiges Fasten zu schwach. Auf gleiche Weise sollte auch heute jemand ein teilweises Fasten versuchen — das heißt, eine eingeschränkte Nahrungsaufnahme —, wenn vollständiges Fasten ihm zu hart ankommt.

Daniel enthielt sich nicht nur von ausgewählter Speise, sondern auch von Fleisch und Wein. Er nahm nur einfache Nahrung und gerade nur so viel zu sich, um am Leben zu bleiben. Zusätzlich salbte er sich nicht und kleidete sich nicht in feine Gewänder.

An dieser Stelle müssen wir einen Blick hinter die Kulissen der physischen Welt werfen, das heißt in die geistliche Welt. Häufiger als uns lieb ist, verlieren wir beim Gebet den Mut und schließen daraus, daß die Antwort nicht erfolgen soll. Aber unser Herr möchte, daß wir erkennen, was in der geistlichen Welt geschieht, damit wir Hoffnung haben, einfach nur ein wenig länger zu warten.

Unser Gebet ist unser Kampf. Wenn wir auf der Erde kämpfen, dann kämpft auch der Engel im Luftbereich, der die Antwort Gottes für uns hat. Zwischen den Menschen und dem Thron Gottes hat der Teufel, der Fürst der Lüfte, sein Lager aufgeschlagen. Seine Dämonen bemühen sich verzweifelt, unsere Gebete aufzuhalten, bevor sie den Himmel erreichen.

Dennoch: wenn wir auf der Erde am Gebet festhalten und weiterbeten, wird der Engel die Schnur unseres Gebets aufnehmen und zu uns gelangen, indem er die Festung des Teufels durchbricht. Das ist es, was bei Daniel geschah. Volle einundzwanzig Tage vergingen, bis er eine Antwort auf sein Gebet empfing.

Der Engel, der zu Daniel kam

> Und ich hob meine Augen auf und sah, und siehe, da stand ein Mann, der hatte leinene Kleider an und einen goldenen Gürtel um seine Lenden. Sein Leib war wie ein Türkis, sein Antlitz sah aus wie ein Blitz, seine Augen wie feurige Fackeln, seine Arme und Füße wie helles, glattes Kupfer, und seine Rede war wie ein großes Brausen. Aber ich, Daniel, sah dies Gesicht allein, und die Männer, die bei mir waren, sahen's nicht; doch fiel ein großer Schrecken auf sie, so daß sie flohen und sich verkrochen. Ich blieb allein und sah dies große Gesicht. Es blieb aber keine Kraft in mir; jede Farbe wich aus meinem Antlitz, und ich hatte keine Kraft mehr. Und ich hörte seine Rede; und während ich sie hörte, sank ich ohnmächtig auf mein Angesicht zur Erde. (Verse 5-9)

Der Engel, der zu Daniel mit der Antwort auf sein Gebet kam, muß eine sehr hohe Stellung innegehabt haben. Seine Erscheinung, wie Daniel sie beschrieb, war strahlend schön, ja überwältigend. Doch wenn die Beschreibung auch ein wenig klingt wie die Beschreibung Jesu in der Offenbarung durch Johannes, war es nicht Jesus, der bei Daniel erschien. Wenn es Jesus gewesen wäre, hätte er sofort erscheinen können, indem Er durch die Wohnstatt des Teufels einfach hindurchgedrungen wäre. Aber da es sich um einen Engel handelte, wurde dieser durch den Teufel einundzwanzig Tage lang aufgehalten, bis er schließlich erschien.

Daniel sah den Engel, weil seine geistlichen Augen geöffnet waren. Doch die mit ihm betenden Männer sahen den Engel nicht, obwohl sie so erschreckt waren, daß sie flohen und sich verbargen. Manchmal befinden wir uns in der gleichen Situation wie diese Männer. Obwohl nichts im Raum zu sehen ist, in dem wir uns aufhalten, scheint es, als ob wir die Gegenwart des Herrn tatsächlich spüren können. Ein anderes Mal, während wir beten, empfinden wir, einen Engel an unserer Seite zu haben.

Der Kampf in der geistlichen Welt
(10:10-21)

> Und siehe, eine Hand rührte mich an und half mir auf die Knie und auf die Hände, und er sprach zu mir: Daniel, du von Gott Geliebter, merk auf die Worte, die ich mit dir rede, und richte dich auf; denn ich bin jetzt zu dir gesandt. Und als er dies mit mir redete, richtete ich mich zitternd auf. (Verse 10-11)

160

Der Engel stärkte Daniel und stellte ihn auf seine Füße, so daß Daniel deutlich die ausführliche und genaue Erklärung des Engels über den Kampf in der geistlichen Welt vernehmen konnte. Dieser Kampf wird nur noch an einer anderen Stelle in der Bibel beschrieben:

„Denn wir haben nicht mit Fleisch und Blut zu kämpfen, sondern mit Mächtigen und Gewaltigen, nämlich mit den Herren der Welt, die in dieser Finsternis herrschen, mit den bösen Geistern unter dem Himmel (oder: in den himmlischen Welten)" (Epheser 6:12).

Unser Glaube kann nur dann erfolgreich sein, wenn wir dieses Geheimnis der geistlichen Welt völlig ergreifen.

> Und er sprach zu mir: Fürchte dich nicht, Daniel; denn von dem ersten Tage an, als du von Herzen begehrtest zu verstehen und anfingst, dich zu demütigen vor deinem Gott, wurden deine Worte erhört, und ich wollte kommen um deiner Worte willen. Aber der Engelfürst des Königreichs Persien hat mir einundzwanzig Tage widerstanden; und siehe, Michael, einer der Ersten unter den Engelfürsten, kam mir zu Hilfe, und ihm überließ ich den Kampf mit dem Engelfürsten des Königreichs Persien. Nun aber komme ich, um dir Bericht zu geben, wie es deinem Volk gehen wird am Ende der Tage; denn das Gesicht geht auf ferne Zeit. Und als er das alles mit mir redete, neigte ich mein Angesicht zur Erde und schwieg still. Und siehe, einer, der einem Menschen gleich war, rührte meine Lippen an. Da tat ich meinen Mund auf und redete und sprach zu dem, der vor mir stand: Mein Herr, meine Glieder bebten, als ich das Gesicht hatte, und es war keine Kraft mehr in mir. Wie kann der Knecht meines Herrn mit meinem Herrn reden, da auch jetzt noch keine Kraft in mir ist und mir der Atem fehlt? Da rührte mich abermals der an, der aussah wie ein Mensch, und stärkte mich und

sprach: Fürchte dich nicht, du von Gott Geliebter! Friede sei mit dir! Sei getrost, sei getrost! Und als er mit mir redete, ermannte ich mich und sprach; Mein Herr, rede; denn du hast mich gestärkt. (Verse 12-19)

Wir sollten beachten, daß von dem ersten Tag an, als Daniel sich um Verständnis bemühte und anfing, sich vor Gott zu demütigen, seine Worte erhört wurden, und der Engel mit einer Antwort zu ihm kam. Wenn wir unsere Sünden bekennen und zugeben, daß das Gericht, das Gott an uns vollzogen hat, gerecht ist und Gott demütig um Seine Gnade bitten, wird Gottes Antwort schnell auf unser Gebet hin erfolgen.

Dennoch benötigte der Engel einundzwanzig Tage, um zu Daniel zu gelangen. Wir lesen an dieser Stelle, daß der Fürst des Königreichs Persien dem Engel einundzwanzig Tage lang widerstand, so daß der Engel aufgehalten wurde. Der König von Persien war ein menschliches Wesen, der auf dieser Erde lebte. Wie war es dann möglich, daß der Engel des Himmels einundzwanzig Tage lang durch einen Menschen aufgehalten werden konnte?

Hierin liegt ein tiefes Geheimnis der geistlichen Welt. Wir müssen erkennen, daß sich hinter diesem irdischen König von Persien eine dämonische Kraft befand, die ebenfalls der König von Persien genannt wurde. Die Dämonen lebten im Luftbereich über diesem Thron, ergriffen Besitz über den König von Persien und seinem Volk und übten einen starken Einfluß auf sie aus.

Vom ersten Tag an, als Daniel mit seinem Gebet begann und es die folgenden drei Wochen begleitet von teilweisem Fasten fortsetzte, stieg sein Gebet auf zum Himmel, und Gott sandte einen Engel als Antwort auf sein Gebet. Doch der Teufel versperrte dem Engel mit all seiner Macht den Weg, denn er fürchtete, seinen Einfluß durch die Ausdehnung des Reiches Gottes zu verlieren.

Von daher wissen wir, daß hinter den menschlichen Reichen dieser Erde in der unsichtbaren Welt, unaufhörlich ein Kampf zwischen den Dämonen und den Engeln Gottes stattfindet. Aus diesem Grund müssen wir Christen Herrscher wie zum Beispiel Kim Il-sung, den Führer der gegenwärtigen nordkoreanischen Marionettenregierung, im Licht dieser geistlichen Realität betrachten. Kim ist für seine Grausamkeit und Boshaftigkeit bekannt, selbst unter den Kommunisten, und wir sollten uns nicht wundern, daß hinter ihm der Fürst seines Reiches steht, der im Luftbereich herrscht. In Wirklichkeit steht also der Teufel hinter Kim Il-sung und manipuliert ihn.

Folglich liegt der Weg zur Absetzung des kommunistischen Regimes von Kim Il-sung darin, den Engel Gottes zu veranlassen, uns die Antwort Gottes durch unser Gebet und Fasten zu überbringen — und zwar bevor wir bei militärischen Kräften unseren Ausweg und Rettung suchen. Das Ziel unseres geistlichen Kampfes ist der Teufel, der Kim Il-sung manipuliert. Wenn unser Gebet zu Gott emporgebracht worden ist und der Engel Gottes herniederkommt, um den Fürsten der kommunistischen Nationen als Antwort auf unser Gebet gefangenzunehmen, wird der Kommunismus wie ein Sandkastengebäude zusammenstürzen.

Ein solcher Gebetskampf wird gerade jetzt geführt. Das Kim Il-sung-Regime hat ein gieriges Auge auf Südkorea geworfen, um es zu besetzen. Aber seit dem Ende des Koreakriegs ist es dazu nicht in der Lage gewesen, denn es ist jedesmal in seine eigene Falle gelaufen. Die Gebete, die von den treuen Christen Tag und Nacht auf dem Berg und im Flachland, in der Gebetskammer und in der Kirche gesprochen werden, haben unseren wahren Feind, den Teufel, gebunden, der hinter Kim Il-sung steht. Das ist ein Zeichen, daß aufgrund unseres Gebets der Teufel, der Kim Il-sung manipuliert, von dem Engel des Himmels besiegt werden wird. Welche Strategie Kim Il-sung auch anwenden mag, er wird auch künftig in Schach gehalten werden, solange unsere Gebete anhalten, denn der Fürst von Kim Il-sung ist schon durch den Engel Gottes besiegt.

Obwohl dem Engel also einundzwanzig Tage lang durch den Fürsten von Persien Widerstand entgegengebracht worden war, ermöglichten es Michael — dem Obersten der himmlischen Heerscharen —, die unaufhörlichen Gebete Daniels, auf der Erde zu kommen. Unterstützt durch diese Hilfe, war der Engel in der Lage, den Fürsten von Persien zu besiegen und nach drei Wochen bei Daniel zu erscheinen.

Auf diesem Hintergrund sollten wir bedenken, daß in allen Zeitaltern diejenigen, die für ihr Land und ihr Volk beten, die wahren Patrioten sind, nämlich Männer und Frauen des Gebets, die sich inbrünstig zu einer Nachtwache des Fastens und Betens hingegeben haben. Wir sollten Tag und Nacht für die Regierenden unseres Landes beten. Und um in Nordkorea unsere zwanzig Millionen Landsleute von ihren Leiden zu befreien, sollten wir Christen in Südkorea zuerst beten, daß Gottes Engel im Himmel die Dämonen besiegen, die hinter

Nordkorea stehen, und so den Sieg im Kampf in der geistlichen Welt davontragen.

In ähnlicher Weise sollten wir den Sieg durch den Kampf im geistlichen Bereich erringen, wenn wir für die Umkehr und Errettung unserer Familienangehörigen beten. Ermahnung und Überredung in weltlicher Weisheit kann keine Frucht hervorbringen. Ein Geist von Rebellion und Trotz wird bei Kindern zum Beispiel noch mehr Widerstand gegen die elterliche Autorität hervorrufen, wenn die Eltern sie disziplinieren und ermahnen wollen.

In solch einer Situation sollten Eltern beten, daß die Dämonen vertrieben werden, die hinter ihren Kindern stehen. Ein Mensch ist vollständig verändert, wenn die Dämonen vertrieben sind und der Geist Gottes bei diesem Menschen eingekehrt ist. Die Bibel sagt, daß böse Geister mit großem Geschrei aus vielen ausfuhren und viele Gelähmte und Verkrüppelte geheilt wurden, als Philippus in einer Stadt in Samaria das Evangelium verkündete (vgl. Apostelgeschichte 8:5-8). Heute müssen die bösen Geister zunächst bei denjenigen ausgetrieben werden, die geistlich gelähmt und verkrüppelt sind, damit sie geheilt und zu Kindern Gottes werden.

Um eine Nation rechtschaffen zu machen, muß erst der böse Fürst, der hinter dieser Nation steht, durch Gebet vertrieben werden. Der Dämon, der versucht, eine einzelne Person oder eine gesamte Familie zu berauben und zu töten, muß ebenfalls durch Gebet gebunden werden. Nach der Heilung eines von einem Dämon besessenen Knaben erklärte Jesus: „Aber diese Art fährt nur aus durch Beten und Fasten" (Matthäus 17:21, Fußnote).

Vor allem anderen müssen wir Christen zuerst beten, um die Festung der Dämonen zu brechen. Dann wird der Geist Gottes kommen, um im Menschen Wohnung zu nehmen, und die Engel des Herrn werden uns begleiten und beistehen. Wenn wir den Sieg im geistlichen Kampf erringen, so daß der innere Mensch der Person, für die wir beten, verändert wird, dann wird diese Person ein reifer Christ werden und Gott lieben. Ein Kind wird dann seinen Eltern gehorchen; ein Ehepartner wird Liebe für seine Familie und für seine Nächsten haben.

Der Apostel Paulus zeigte uns, wie wir unzweifelhaft einen sicheren Sieg in solch einem Kampf erringen können: „Betet allezeit mit Bitten und Flehen im Geist und wacht dazu mit aller Beharrlichkeit im Gebet für alle Heiligen" (Epheser 6:18). Wer in diesem Kampf des Gebets um die geistliche Welt gewinnt, gewinnt auch in der physischen Welt. Wer in dem Kampf des Gebets verliert, wird auch in der physischen Welt zum Verlierer werden.

Der Kampf geht weiter

Und er sprach: Weißt du, warum ich zu dir gekommen bin? Und jetzt muß ich wieder hin und mit dem Engelfürsten von Persien kämpfen; und wenn ich das hinter mich gebracht habe, siehe, dann wird der Engelfürst von Griechenland kommen. — Doch zuvor will ich dir kundtun, was geschrieben ist im Buch der Wahrheit. — Und es ist keiner, der mir hilft gegen jene, außer eurem Engelfürsten Michael. (Verse 20-21)

166

Der Engel Gottes kämpfte mit dem Fürsten von Persien, aber sein Kampf war hier nicht zu Ende. Er kämpfte genauso mit dem Fürsten von Griechenland, und sein Kampf mit dem Reich Satans und mit seiner Macht wird andauern bis zum Ende der Welt. Deshalb sollten wir unaufhörlich beten, um den Engeln zu helfen, den Sieg in diesem geistlichen Kampf zu gewinnen.

Der einzelne, der betet, wird ebensowenig fallen oder untergehen wie eine Familie oder eine Nation, die betet. Aber eine Nation, die nur in der physischen Welt kämpft, ist zum Untergang verurteilt.

Es ist kein Zufall, daß es in Korea zur Zeit zehn Millionen Christen gibt. Ich glaube, Gott möchte die koreanische Kirche benutzen, um Missionare in alle Nationen und zu jedem Volk auf der Welt auszusenden, damit diese das Evangelium verkündigen, daß die Menschen durch Umkehr und Buße gerettet werden können. Deshalb muß die koreanische Kirche Streitigkeiten aufgrund der Unterschiedlichkeit von Denominationen unterlassen, welches äußerst zerstörerisch wirkt und statt dessen ihre Bemühungen auf Gebet konzentrieren, damit die Nation überreichliche Gnade empfängt und mit dem Geist erfüllt wird, so daß das Feuer der Erweckung weiterbrennen kann. Und wir sollten auch darum beten, daß die koreanische Kirche zur Einheit gelangt.

Christen in jedem Land würden gut daran tun, auf die gleiche Weise zu beten. Wir alle sind Generäle in einem geistlichen Kampf, und Michael, der Oberste der Heerscharen Gottes, steht uns zur Seite.

die Gemeinde Gottes auf der ganzen Welt.

11

Die Könige des Südens und des Nordens

Persien und Griechenland
(11:1-4)

> Und ich stand auch bei ihm im ersten Jahr des Darius
> des Meders, um ihm zu helfen und ihn zu stärken. Und
> nun will ich dir kundtun, was gewiß geschehen soll.
> Siehe, es werden noch drei Könige in Persien aufste-
> hen, der vierte aber wird größeren Reichtum haben als
> alle andern. Und wenn er in seinem Reichtum am
> mächtigsten ist, wird er alles gegen das Königreich
> Griechenland aufbieten. (Verse 1-2)

Kapitel 11 beginnt mit einer interessanten Aussage des
Engels. Er erklärte, daß er bei Darius dem Meder ge-
standen hätte, um ihm in seinem ersten Jahr als König zu
helfen und um ihn zu stärken. Lassen Sie uns einen Augenblick darüber nachdenken, was dieser Abschnitt bedeutet.

Als die Medo-Perser Babylon eroberten und ihr
Königreich errichteten, nahmen die Dämonen Besitz

von diesem Königreich und übten ihren Einfluß aus in dem Versuch, alle gefangenen Juden innerhalb der Reichsgrenzen zu vernichten. Als erste Maßnahme stachelten sie alle Fürsten, Beamten und Statthalter des Königreichs auf, um Anschuldigungen gegen Daniel vor König Darius zu bringen. Wahrscheinlich war es ihre Absicht, eine umfassende Ausrottung der Juden zu beginnen, sobald Daniel in der Löwengrube getötet worden war. Doch dank der Gebete Daniels kämpften die Engel Gottes gegen die Dämonen, die sich im Besitz des Königreichs befanden, so daß ein Engel in die Löwengrube hineingelangen und den Rachen der Löwen verschließen konnte.

In der Folge war König Darius durch dieses Ereignis so beeindruckt, daß er danach eine projüdische Politik einschlug. Er befahl, alle Personen, die Daniel angeklagt hatten, mitsamt ihren Familien in die Löwengrube zu werfen. Und er erließ ein Gebot, daß alle Bewohner seines Königreichs den Gott Daniels anbeten sollten.

So konnten die Juden sogar in dem Land, in das sie als Gefangene weggeführt worden waren, in Frieden leben, weil ein Engel seinen Stand neben König Darius eingenommen hatte, um ihm zu helfen und ihn zu stärken.

Die Könige, die in Persien auftreten werden

Jetzt wollen wir unsere Aufmerksamkeit auf die Worte der Prophezeiung selbst legen. Die Prophezeiung berichtet zuerst von den Königen, die in Persien erscheinen würden. Das erfüllte sich in der späteren Geschichte tatsächlich.

Der erste auftretende König war Kambyses (529—
522 v. Chr.); der zweite Pseudo-Smerdis oder Bardija-
Smerdis (522—521 v. Chr.); der dritte war Darius I Hy-
staspes (521—486 v. Chr.). Der vierte König war Xerxes I,
der von 486-465 v. Chr. regierte. Während seiner Regierungszeit erreichte Persien seine Blütezeit und den Höhepunkt seiner Macht. Xerxes wurde auch Ahasveros
genannt und war der König, der im Buch Ester erwähnt
wird.

Zur Zeit des vierten Königs arbeitete das Medo-Persische Königreich, das inzwischen überaus reich geworden war, an einer Strategie zur Eroberung Griechen-
lands. Nach vierjähriger Vorbereitung mobilisierte das
Reich eine Armee von einer Million Mann. Diese Armee begann 480 v. Chr. ihren Feldzug gegen Griechenland, wurde jedoch von den Griechen beschämend geschlagen. Als Folge davon, begann nach Xerxes I der
Niedergang Persiens und fiel schließlich an die Griechen.

Ein mächtiger König wird kommen

> Danach wird ein mächtiger König aufstehen und mit
> großer Macht herrschen, und was er will, wird er aus-
> richten. Aber wenn er emporgekommen ist, wird sein
> Reich zerbrechen und in die vier Winde des Himmels
> zerteilt werden, nicht auf seine Nachkommen, auch nicht
> mit solcher Macht, wie er sie hatte; denn sein Reich
> wird zerstört und Fremden zuteil werden. (Verse 3-4)

Der König, der hier beschrieben wird und Xerxes besiegte, ist Alexander der Große, mit dem wir uns schon

in einem früheren Kapitel beschäftigt haben. Und wiederum wurde auch diese Prophezeiung haargenau bis zur letzten Einzelheit in der Geschichte erfüllt: Auf dem Höhepunkt seiner Macht wurde Alexanders Reich „zerbrochen" und unter seine vier Generäle aufgeteilt. Und das Reich Alexanders fiel auch nicht an seine Nachkommen; sie fielen einem Mordanschlag zum Opfer. So berichtete die Prophezeiung Daniels von Geschichtsereignissen, die noch zweihundert bis vierhundert Jahre in der Zukunft lagen.

Der Krieg zwischen den Königen des Südens und des Nordens

> Und der König des Südens wird mächtig werden; aber gegen ihn wird einer seiner Fürsten noch mächtiger werden und herrschen; dessen Herrschaft wird groß sein. (Vers 5)

Wie wir festgestellt haben, erlangten zwei der aus der Teilung von Alexanders Reich hervorgegangenen Königreiche, nämlich Ägypten und Syrien, die Vorherrschaft über die beiden anderen Königreiche. Der König des Südens in diesem Abschnitt ist Ptolomäus Soter I, der von 323 bis 285 v. Chr. über Ägypten herrschte. Der König des Nordens war Seleukus Nikator I von Syrien, von 312 bis 281 v. Chr.

Seleukus Nikator war einmal von Antigonus, der über Babylonien herrschte, vertrieben worden. Er suchte Zuflucht bei Ptolomäus Soter von Ägypten. Unterstützt von Ägypten, besiegte er Antigonus und wurde

König von Syrien. Sein großes Reich erstreckte sich von Kleinasien bis nach Indien. Obwohl er anfangs Hilfe durch Ägypten in Anspruch nehmen mußte, wurde sein Königreich später mächtiger als Ägypten. Damit öffnete er die Tür zu einem Krieg, der die nächsten 150 Jahre andauerte.

> Nach einigen Jahren aber werden sie sich miteinander befreunden. Und die Tochter des Königs des Südens wird kommen zum König des Nordens, um die Einigkeit zu festigen. Aber sie wird keinen Erfolg haben, und auch ihr Nachkomme wird nicht bleiben, sondern sie wird preisgegeben werden samt denen, die sie gebracht haben, und mit dem, der sie erzeugt hat, und mit dem, der sie zur Frau genommen hat (oder: unterstützt hat) in jenen Zeiten. (Vers 6)

Die Einzelheiten dieses Verses gingen in der späteren Geschichte in Erfüllung. In der Absicht, diplomatische Beziehungen mit dem König des Nordens (das ist Syrien) anzubahnen, wünschte Ptolomäus II Philadelphos (285—246 v. Chr.), der König des Südens (das ist Ägypten), seine Tochter Berenike mit Antiochus II Theos von Syrien (261—246 v. Chr.) zu verheiraten. Antiochus II hatte jedoch bereits vorher geheiratet und besaß eine Ehefrau. Aber Ptolomäus setzte Antiochus so lange unter Druck, bis dieser sich schließlich von seiner Ehefrau Laodike gegen seinen Willen scheiden ließ und Berenike, die Prinzessin von Ägypten, zur neuen Frau nahm. Doch Antiochus konnte seine erste Frau Laodike nicht vergessen. Und als sein neuer Schwiegervater Ptolomäus einige Jahre später an einer Krankheit verstarb, brachte Antiochus Laodike in seinen Palast zurück.

Die ganze Zeit über hatte Laodike verbittert auf die Gelegenheit zur Rache gewartet. Sobald sie wieder im Palast war, ermordete sie Antiochus, Berenike und deren Sohn Antiochus III. Dann zettelte sie eine Verschwörung an, um ihren eigenen Sohn auf den Thron von Syrien zu bringen, so daß sie durch ihn das Reich regieren konnte.

Lesen Sie Vers 6 noch einmal, damit Sie erkennen, wie präzise jede Einzelheit sich erfüllt hat. Dies war eine äußerst genaue Prophetie — wie sie zu sein hatte, weil sie von Gott gegeben wurde.

Syrien und Ägypten setzen den Kampf fort

> Und einer wird aus ihrem Stamm emporkommen; der wird gegen die Heeresmacht des Königs des Nordens ziehen und in seine Festung eindringen und wird an ihnen seine Macht zeigen. Auch wird er ihre Götter samt den Bildern und den kostbaren Geräten aus Silber und Gold wegführen nach Ägypten und einige Jahre von dem König des Nordens ablassen. Aber der wird eindringen in das Reich des Königs des Südens, jedoch dann wieder in sein Land zurückkehren. (Verse 7-9)

Diese Verse sind eine Prophezeiung von Ereignissen, die dreihundert Jahre nach Daniel geschehen sollten.

Nach dem Tod von Ptolomäus II bestieg der Bruder Berenikes — der Prinzessin, die Antiochus geheiratet hatte — den Thron des ägyptischen Königreichs. Er nannte sich Ptolomäus III Euergetes (246—221 v. Chr.). Da er auf eine Gelegenheit gewartet hatte, für den Tod seiner Schwester Rache zu nehmen, stellte er schließlich eine große Armee auf und begann einen Kriegszug gegen Seleukus II Kallinikos von Syrien (246—226 v. Chr.), dem Sohn Laodikes, der Mörderin seiner Schwester. Und Syrien wurde von Ägypten schwer geschlagen.

Nach diesem Krieg hörten die Feindseligkeiten für mehrere Jahre auf, in denen Syrien wieder an Stärke gewann. Dann stellte Syrien eine große Armee auf und zog 240 v. Chr. in einem Feldzug nach Ägypten. Aber Syrien wurde wiederum geschlagen — genau wie es die Worte der Prophezeiung in diesem Vers vorhergesagt hatten.

> Aber seine Söhne werden Krieg führen und große Heere zusammenbringen; und der eine wird kommen und wie eine Flut heranbrausen und wiederum Krieg führen bis vor seine Festung. (Vers 10)

Nach dem Scheitern des Feldzugs gegen Ägypten befiel Seleukus II Kallinikos von Syrien eine Krankheit, an der er starb. Doch seine Söhne traten in diesem Unterfangen seine Nachfolge an. Sein ältester Sohn, Seleukus III (226—223 v. Chr.), unternahm mehrere Feldzüge gegen Ägypten, doch unterlag und starb er in jungen Jahren. Ihm folgte sein jüngerer Bruder Antiochus III (223—187 v. Chr.), der Ägypten besiegte und den ägyptischen Einfluß bis an die Grenze von Gaza zurückdrängte.

Beachten Sie erneut, daß Daniels Prophezeiung über diese Söhne dreihundert Jahre später tatsächlich eintraf. Stück für Stück dieser Prophezeiung wurde in der Geschichte erfüllt! Denn das Wort Gottes ist wahrhaftig, und nicht der kleinste Buchstabe, nicht der kleinste I-Punkt wird daran fehlen oder verlorengehen.

> Dann wird der König des Südens ergrimmen und aus-
> ziehen und mit dem König des Nordens kämpfen. Der
> wird ein großes Heer zusammenbringen, aber das Heer
> wird in die Hand des andern gegeben und vernichtet
> werden. Daraufhin wird sich dessen Herz überheben,
> und er wird viele Tausende erschlagen; aber er wird
> nicht mächtig bleiben. (Verse 11-12)

Ptolomäus Philopator (221—203 v. Chr.) von Ägypten,
der seine Gebiete an Antiochus III verloren hatte, zog
217 v. Chr. mit einer Armee von siebzigtausend Mann
gegen diesen in den Krieg. In der Schlacht von Laphia,
nahe der Grenze zu Palästina, vernichtete Ptolomäus
Antiochus.

Antiochus verlor nicht nur sein großes Heer, sondern mußte sich auch in der Wüste verstecken, wo er
beinah gefangengenommen worden wäre. Er entkam
knapp dem Tod und floh — genau wie Vers 11 es voraus-
gesagt hatte.

Auf der anderen Seite hätte der König von Ägypten,
der bei Laphia Antiochus III geschlagen hatte, wenn er
in Syrien selbst einmarschiert wäre und dabei alles, was
sich ihm in den Weg stellte, verjagt hätte, das Königreich in Besitz nehmen können. Aber nachdem er Zehntausende feindlicher Soldaten hingeschlachtet hatte,
wurde er mit Stolz erfüllt und unterließ die weitere Verfolgung des Feindes. Folglich setzte nach dieser Zeit erneut der Niedergang Ägyptens ein. Diese Tatsache
wurde in Vers 12 prophezeit.

> Denn der König des Nordens wird wiederum ein Heer
> zusammenbringen, größer als das vorige war; und nach
> einigen Jahren wird er ausziehen mit großer Heeres-
> macht und vielem Troß. (Vers 13)

Antiochus III, der in der Wüste nur knapp dem Tode entgangen war, kehrte schließlich in sein Reich zurück. Verbittert und auf Rache sinnend, bereitete er einen neuen Feldzug gegen Ägypten vor. Endlich kam die langersehnte Gelegenheit. Auf geheimnisvolle Weise starben Ptolomäus Philopater von Ägypten und dessen Frau ohne ersichtlichen Grund im Jahre 203 v. Chr., und ihr einziger Sohn, Ptolomäus V Epiphanes, folgte auf den Thron. Doch er war noch ein kleines Kind.

Diese Gelegenheit ergriff Syrien und drang mehrmals in Ägypten ein wie eine Flut. Die Prophezeiung, von der in Vers 13 berichtet wird, bezieht sich auf dieses Ereignis.

> Und zur selben Zeit werden viele aufstehen gegen den König des Südens. Auch werden sich Abtrünnige aus deinem Volk erheben und eine Weissagung erfüllen und werden fallen. (Vers 14)

Zu dieser Zeit war Israel von Ägypten abhängig, und die Garnison des ptolemäischen Generals Skopas verteidigte Jerusalem. Skopas erwies den Juden viel Gunst, half ihnen den Tempel zu erneuern und unterstützte sie auf manche Weise.

Dennoch, als Syrien in Ägypten einmarschierte, standen viele Juden auf seiten der Syrer gegen Ägypten. Ihr Plan war, den Konflikt zum eigenen Vorteil zu nutzen und Ägypten aus dem Land zu vertreiben. Aber der Plan endete mit einem Fehlschlag. Wegen dieses Verhaltens wurde Israel als Verräter und undankbare Nation gebrandmarkt. Dieses Geschehen wurde in Vers 14 prophezeit.

Und der König des Nordens wird kommen und einen Wall aufschütten und eine feste Stadt einnehmen. Und die Heere des Südens können's nicht verhindern, und sein bestes Kriegsvolk kann nicht widerstehen. (Vers 15)

Die ägyptische Armee unter Skopas kämpfte gegen die Syrer in Farnia am Oberlauf des Jordans. Aber sie wurde schwer geschlagen und mußte sich nach Sidon zurückziehen, das damals als die stärkste Festung der Welt galt. Trotzdem griff die syrische Armee Sidon an, indem sie um die gesamte Stadt einen Wall aufschüttete und Bollwerke errichtete. Und schließlich fiel die Festung zwischen 199 und 198 v. Chr., und Skopas mußte kapitulieren.

So gelangte Syrien in den Besitz von ganz Palästina und sogar bis nach Gaza an der Grenze Ägyptens, genau wie es Daniel prophezeit hatte. Fähige ägyptische Generäle wie Eropas, Manakles und Demonius versuchten unter Aufbietung aller Kräfte, Skopas zu befreien, als er belagert wurde. Doch sie scheiterten.

Rom tritt auf den Plan

Sondern der gegen ihn zieht, wird tun, was ihm gut dünkt, und niemand wird ihm widerstehen können. Er wird auch in das herrliche Land kommen, und Verderben ist in seiner Hand. Und er wird seinen Sinn darauf richten, daß er mit Macht sein ganzes Königreich bekomme, und sich mit ihm vertragen und wird ihm seine Tochter zur Frau geben, um ihn zu verderben. Aber es wird ihm nicht gelingen; und es wird nichts daraus werden. (Verse 16-17)

178

Nachdem es Ägypten niedergeworfen hatte, machte Syrien den Juden den Prozeß, die früher gegen Syrien rebelliert hatten, und Jerusalem kam erneut unter die Kontrolle von Antiochus III. Doch als Antiochus die Gefahr bemerkte, die von dem Vordringen Roms von Italien nach Osten ausging, bemühte er sich um einen Frieden mit Ägypten, denn er dachte, daß weitere Konflikte mit Ägypten die Sicherheit seines Reiches gefährden könnten.

Um dementsprechend seinen Plan zu verwirklichen, verheiratete er im Jahre 192 v. Chr. seine hübsche Tochter Kleopatra mit dem sieben Jahre alten König Ptolomäus V Epiphanes von Ägypten. Ihr Vater hoffte durch diese Eheschließung Einfluß auf den ägyptischen Thron zu bekommen.

Aber Kleopatra stellte sich bei mehreren Gelegenheiten auf die Seite ihres Ehemannes Ptolomäus gegen ihren Vater, so daß Antiochus' Plan scheiterte, mit Ägypten Frieden zu schließen. Diese Situation wurde in allen Einzelheiten in Vers 17 prophezeit.

> Danach wird er sich gegen die Inseln wenden und viele von ihnen gewinnen. Aber ein Mächtiger wird ihn zwingen, mit Schmähen aufzuhören, und wird ihm seine Schmähungen heimzahlen. Danach wird er sich wenden gegen die Festungen seines eigenen Landes; er wird straucheln und fallen, daß man ihn nirgends finden wird. (Verse 18-19)

Schließlich gab Antiochus Ägypten auf und traf sich statt dessen mit einem römischen Gesandten, der sich östlich von Lysimachus aufhielt. Der Gesandte verlangte von Antiochus, daß er sich Rom unterwerfen und

Tribut an Rom zahlen sollte. Aber Antiochus antwortete stolz: „Asien hat weder ein Interesse an Rom, noch wird es dem Befehl Roms gehorchen."

Nach dieser Beleidigung wartete Rom auf die Gelegenheit, um an Antiochus Rache zu nehmen. In der Zwischenzeit begab sich Antiochus, der bei seinen Feldzügen gegen Ägypten bis zu diesem Zeitpunkt immer erfolgreich gewesen war, auf einen Kriegszug in Richtung Westen nach Europa, um es Alexander dem Großen gleichzutun. Es war seine Absicht, Griechenland unter seine Kontrolle zu bringen. Doch sein europäischer Feldzug endete mit einem Fehlschlag.

Dem syrischen Vorstoß wurde zuerst bei den Thermopylen, nördlich von Athen, 191 v. Chr. Einhalt geboten, und zwei Jahre später wurde Syrien erneut schwer geschlagen. Diese Niederlage erfolgte bei Magnesia am Mäander südöstlich von Ephesus durch eine Armee unter der Führung des römischen Konsuls Scipio.

Antiochus III kehrte entmutigt von der Niederlage dieses Feldzugs zurück. Einige Zeit später wurde er während der Plünderung eines Tempels in der Stadt Elymas von einem Meuchelmörder erschlagen.

Auch diese geschichtlichen Tatsachen stimmen mit Daniels Prophetie, hier in den Versen 18 und 19, überein.

> Und an seiner Statt wird einer emporkommen, der wird einen Kämmerer das herrliche Land durchziehen lassen, um Abgaben einzutreiben; doch nach einigen Jahren wird er umgebracht werden, aber weder öffentlich noch im Kampf. (Vers 20)

Nach dem Tod von Antiochus III folgte im Seleukus IV Philopater auf den Thron. Er unterwarf sich Rom und zahlte jedes Jahr einen Tribut von mehreren tausend Talenten. Doch als er Schwierigkeiten hatte, die Mittel für den Tribut aufzutreiben, belegte er seine Untertanen mit hohen Steuern und sandte ebenso Steuereintreiber in die ihm tributpflichtigen Gebiete.

Seleukus sandte einen Mann namens Heliodor zu den Juden, um bei ihnen die Steuern einzutreiben. Er sollte diese Gelder vom Tempelschatz in Jerusalem nehmen, starb jedoch unvermittelt ohne sichtbaren Grund. Das ist genau das, was in Vers 20 vorhergesagt wurde.

Antiochus Epiphanes

> Dann wird an seiner Statt emporkommen ein verächtlicher Mensch, dem die Ehre des Thrones nicht zugedacht war. Der wird unerwartet kommen und sich durch Ränke die Herrschaft erschleichen. (Vers 21)

Der weitere Teil dieses Kapitels ab Vers 21 ist der Schlüssel zum Verständnis der Prophetie im Buch Daniel. Das kleine Horn, das in Kapitel 8:9-14 und 8:23-25 dieses Buches erscheint, nämlich Antiochus Epiphanes, tritt auf den Plan. Er ist ein Typus des Antichristen, der in der letzten Zeit auftreten wird: Er war ein König, der in Syrien emporkam, und er verwüstete den Tempel Israels.

In Wirklichkeit war er eine niederträchtige Person, die nicht rechtmäßig auf den Thron gekommen war. Als Seleukus IV Philopater unerwartet starb, hinterließ er zwei Söhne. Der erste, Demetrius, wurde als Geisel in Rom festgehalten. Sein zweiter Sohn, Seleukus, war noch ein kleiner Junge.

Als ihr Onkel Antiochus Epiphanes (175—64 v. Chr.) diese Nachrichten in Athen vernahm, kehrte er unter dem Vorwand nach Antiochia zurück, die Regentschaft für seinen Neffen zu übernehmen. Doch nach seiner Rückkehr warb er einen Mann namens Andronikus an, um seinen kleinen Neffen zu ermorden. Dann verurteilte er Andronikus unter der Anklage des Verrats zum Tode, und er selbst nahm den Thron ein.

Wie die Prophezeiung es voraussagte, war seine Thronfolge nicht rechtmäßig, sondern kam durch Intrige zustande.

> Und heranflutende Heere werden vor ihm hinweggeschwemmt und vernichtet werden, dazu auch der Fürst des Bundes. (Vers 22)

Antiochus Epiphanes schlug Ägypten 170 v. Chr. mit einer mächtigen Armee und vernichtete die ägyptischen Streitkräfte in der Gegend zwischen Gaza und dem Nildelta. Er ermordete auch Onias, den Hohenpriester Israels, und brach den Bündnisvertrag, den er mit ihm geschlossen hatte. Es ist Onias, auf den sich Daniel als „der Fürst des Bundes" bezog.

> Denn nachdem er sich mit ihm angefreundet (oder: verbündet) hat, wird er listig handeln und heraufziehen und mit wenigen Leuten Macht gewinnen. (Vers 23)

So schlug Antiochus Epiphanes Ägypten vernichtend und beendete auf diese Weise den Konflikt mit diesem Reich. Dann brachen in Ägypten Thronstreitigkeiten zwischen seinen beiden Neffen aus, den Söhnen der Kleopatra. Während Ptolomäus Philometor und sein jüngerer Bruder Ptolomäus Euergetes auf diese Weise in harte Auseinandersetzungen um den Thron verstrickt waren, nutzte Antiochus Epiphanes die Gelegenheit, um seine Macht auszuweiten. Er verhalf Ptolomäus Philometor zur Königswürde — allerdings unter der Bedingung, daß Ägypten sich ihm als Gegenleistung unterwarf. Auf diese Weise stärkte Antiochus seine Macht.

Und unerwartet wird er in die besten Städte des Landes kommen und wird tun, was weder seine Väter noch seine Vorväter getan haben, und Raub, Beute und Güter an seine Leute verteilen; er wird nach den allerfestesten Städten trachten, aber nur für eine befristete Zeit. Und er wird seine Macht und seinen Mut gegen den König des Südens aufbieten mit einem großen Heer. Dann wird der König des Südens sich aufmachen zum Kampf mit einem großen, mächtigen Heer, aber er wird nicht bestehen; denn es werden Pläne gegen ihn geschmiedet. Und die sein Brot essen, die werden helfen, ihn zu verderben und sein Heer zu verjagen, so daß viele erschlagen werden. Und beide Könige werden darauf bedacht sein, wie sie einander schaden können, und sie werden an einem Tisch verlogen miteinander reden. Es wird ihnen aber nicht gelingen, denn das Ende ist noch auf eine andere Zeit bestimmt. Danach wird er wieder heimziehen mit großer Beute und dabei seinen Sinn richten gegen den heiligen Bund; er wird es ausführen und in sein Land zurückkehren. (Verse 24-28)

Nachdem er die Herzen seiner Gefolgsleute durch die Verteilung der Beute gewann, die er durch regelmäßige Plünderungen erhalten hatte, stellte Antiochus Epiphanes eine Armee auf und unternahm einen weiteren Feldzug gegen Ägypten, um seinen Neffen anzugreifen.

Ägypten leistete harten Widerstand, aber Syrien vollführte immer wieder einen neuen Angriff.

Während dieser Zeit wurden immer wieder Verträge und Bündnisse zwischen dem König von Ägypten und dem König von Syrien geschlossen. Doch obwohl sie enge Verwandte waren, nämlich Onkel und Neffe, wurde keiner der Verträge eingehalten, und sie bekämpften sich ununterbrochen. Schließlich stürzte sich Antiochus Epiphanes auf Ägypten und beschlagnahmte einen großen Teil vom Reichtum und Vermögen des Landes. Auf dem Rückweg nach Syrien riß er den Tempelschatz in Jerusalem an sich.

Und nach einer bestimmten Zeit wird er wieder nach Süden ziehen; aber es wird beim zweitenmal nicht so sein wie beim erstenmal. Denn es werden Schiffe aus Kittim gegen ihn kommen, so daß er verzagen wird und umkehren muß. Dann wird er gegen den heiligen Bund ergrimmen und danach handeln und sich denen zuwenden, die den heiligen Bund verlassen. Und seine Heere werden kommen und Heiligtum und Burg entweihen und das tägliche Opfer abschaffen und das Greuelbild der Verwüstung aufstellen. Und er wird mit Ränken alle zum Abfall bringen, die den Bund übertreten. Aber die vom Volk, die ihren Gott kennen, werden sich ermannen und danach handeln. Und die Verständigen im Volk werden vielen zur Einsicht verhelfen; darüber werden sie verfolgt werden mit Schwert, Feuer, Gefängnis und Raub eine Zeitlang. Während sie verfolgt werden, wird ihnen eine kleine Hilfe zuteil werden; aber viele werden sich nicht aufrichtig zu ihnen halten. Und einige von den Verständigen werden fallen, damit viele bewährt, rein und lauter werden für die Zeit des Endes; denn es geht ja um eine befristete Zeit. (Verse 29-35)

168 v. Chr. fiel Antiochus Epiphanes erneut in Ägypten ein und brach den gemeinsamen Vertrag. Zu dieser Zeit jedoch befand sich Ägypten bereits unter der Oberhoheit der Römer.

Außerhalb von Alexandria trat dem syrischen König der römische Gesandte und Feldherr Gaius Papillius entgegen und gab Antiochus einen unmißverständlichen Befehl. Der Gesandte, der bereits seine Flotte im Mittelmeer hatte aufmarschieren lassen, zog einen Kreis um Antiochus Epiphanes und erklärte: „Nun wähle, bevor du aus diesem Kreis trittst, ob du Ägypten verlassen oder angreifen willst."

Epiphanes konnte sich unter keinen Umständen dem Befehl Roms widersetzen. Deshalb zog er sich voller Zorn zurück. Auf seinem Weg nach Syrien machte er in Jerusalem halt und ließ seiner Wut freien Lauf. Er verwüstete den Tempel und verletzte das frühere Abkommen. Er verbot das tägliche Opfer und stellte einen Altar zu Ehren des olympischen Zeus auf, dem heidnischen Gott, den er anbetete. Als das Abscheulichste von allem ordnete er an, ein Schwein unter dem gräßlichen geflügelten Bild als Opfer darzubringen.

Dadurch erhoben sich die Juden unter Judas Makkabäus und seinen Brüdern. Während dieses Aufstands wurden achtzigtausend Juden getötet, vierzigtausend als Sklaven verkauft und weitere vierzigtausend als Gefangene weggeführt. Das war die schlimmste Tragödie, die Israel während des Krieges zwischen dem König des Nordens und dem König des Südens, infolge seiner Lage zwischen den beiden Ländern, jemals erleiden mußte. Und alles das war Jahrhunderte zuvor von Daniel prophezeit worden.

Durch das gesamte Kapitel hindurch können wir sehen, wie Daniels Prophetie sich in die letzte Einzelheit hinein in der Geschichte erfüllt hat. Doch einige Personen glauben nicht, daß das Buch Daniel tatsächlich zweihundert bis vierhundert Jahre vor den geschilderten Ereignissen der Prophetie niedergeschrieben wurde. Weil sie nicht glauben, daß Prophetie möglich ist, behaupten sie: „Das Buch Daniel ist unecht, eine vorgetäuschte Prophetie, die in Wirklichkeit erst niedergeschrieben wurde, nachdem die Geschehnisse der Prophezeiung tatsächlich stattgefunden haben. Wie sonst könnte sie so genau sein?" Aber es ist ihre eigene Annahme, daß echte Prophetie nicht möglich ist, die sie so töricht sein läßt.

Der König der Endzeit
(11:36-39)

Und der König wird tun, was er will, und wird sich überheben und großtun gegen alles, was Gott ist. Und gegen den Gott aller Götter wird er Ungeheuerliches reden, und es wird ihm gelingen, bis sich der Zorn ausgewirkt hat; denn es muß geschehen, was beschlossen ist. Auch die Götter seiner Väter wird er nicht achten; er wird weder den Lieblingsgott der Frauen noch einen andern Gott achten; denn er wird sich über alles erheben. Dagegen wird er den Gott der Festungen verehren, den Gott, von dem seine Väter nichts gewußt haben, wird er ehren mit Gold, Silber, Edelsteinen und Kostbarkeiten. Und er wird die starken Festungen dem fremden Gott unterstellen. Denen, die ihn erwählen, wird er große Ehre antun und sie zu Herren machen über viele und ihnen Land zum Lohn austeilen.

X Satan

Antiochus Epiphanes, der diese letzte Folge an Tragödien hervorbrachte, ist ein Abbild des Antichristen, der
sich in den letzten Tagen erheben wird, denn der Antichrist der Endzeit wird auf die gleiche Weise erscheinen
und handeln.

Bis Vers 35 beschäftigte sich die Prophezeiung mit
dem Kampf zwischen dem König des Südens und dem
König des Nordens. Doch mit Vers 36 verschiebt sich
der Schwerpunkt plötzlich auf den Antichristen, der am
Ende der Zeiten erscheinen wird. Wie wir schon gesagt
haben, war das Zeitalter der Gemeinde, das bisher rund
zweitausend Jahre andauert, den Augen der jüdischen
Propheten verborgen.

In Vers 36 finden wir eine deutliche Beschreibung
des Antichristen, der während der großen Trübsal erscheinen wird. Er wird tun, was er will. Er wird sich
über alles erheben und erklären, daß er göttlich ist. Er
wird Ungeheuerliches gegen Gott den Herrn reden.
Sieben Jahre lang wird er Erfolg haben. Und diese Zeit
wird fortdauern, bis sich der Tag des Zorns erfüllt hat.

So folgt also auf Antiochus Epiphanes, von dem in
diesem Abschnitt bis Vers 35 die Rede war, unmittelbar
eine Beschreibung des Antichristen, der ihn nachahmt.

Der nachfolgende Abschnitt von Vers 37 bis Vers 39
berichtet im voraus, wie der Antichrist erscheinen wird.
Er besagt, daß der Antichrist weder den Gott seiner Väter oder den Lieblingsgott der Frauen achten noch überhaupt einen Gott anerkennen wird, sondern sich über
alle erhebt. An dieser Stelle bezieht sich „der Gott seiner Väter" auf den Gott Israels. Es war der Traum einer
jeden jüdischen Frau, daß sie Gnade vor Gott finden
und in ihrem eigenen Leib den Messias empfangen

würde. Deshalb sagt Daniel hier, daß der Antichrist weder vor Gott noch vor dem Messias, Jesus Christus, Achtung haben wird.

Die Einzelheiten über die Herkunft des Antichristen werden hier noch deutlicher offenbart. Der Antichrist wird wie Antiochus Epiphanes aus Syrien kommen und ein Jude sein. Er wird auf der europäischen politischen Bühne als prominenter Politiker erscheinen und die Vereinigung der zehn europäischen Staaten mit seinem Ernst und durch Intrige vollenden.

Daniel erklärt, daß er den Gott der Festungen verehren wird, was bedeutet, daß er Satan anbetet. Die Bibel zeigt, daß er Satan mit Gold, Silber, Edelsteinen und kostbaren Geschenken verehren wird. Sie zeigt auch, daß er eine starke Festung bauen und die ganze Welt mit der Hilfe eines fremden Gottes überwinden wird, das heißt, durch die Stärke Satans. Er wird diejenigen ehren, die ihm nachfolgen, und wird das Land gegen Bestechung verteilen.

Der letzte Kampf auf Erden
(11:40-45)

Und zur Zeit des Endes wird sich der König des Südens mit ihm messen, und der König des Nordens wird mit Wagen, Reitern und vielen Schiffen gegen ihn anstürmen und wird in die Länder einfallen und sie überschwemmen und überfluten. Und er wird in das herrliche Land einfallen, und viele werden umkommen. Es werden aber seiner Hand entrinnen Edom, Moab und der Hauptteil der Ammoniter. Und er wird seine Hand ausstrecken nach den Ländern, und Ägypten wird ihm nicht entrinnen, sondern er wird Herr werden über die goldenen und silbernen Schätze und über alle Kostbarkeiten Ägyptens; Libyer und Kuschiter werden ihm folgen müssen. Es werden ihn aber Gerüchte erschrecken aus Osten und Norden, und er wird mit großem Grimm ausziehen, um viele zu vertilgen und zu verderben. (Verse 40-44)

Wenn wir der Prophezeiung in Vers 40 verbunden mit den Einsichten aus dem Buch der Offenbarung folgen, wird deutlich, daß der Antichrist in den ersten dreieinhalb Jahren seiner Herrschaft über Europa mächtig werden, aber in Afrika auch Aufständen gegenüberstehen wird, wenn die zweite Phase der Trübsalszeit beginnt. Wenn die Aufstände in den konföderierten Staaten Afrikas, mit dem Zentrum in Ägypten, beginnen, wird der Antichrist in Jerusalem sein Hauptquartier aufschlagen, um diese Aufstände zu unterdrücken. Er wird den Tempel in Jerusalem verwüsten, sein eigenes Bild darin aufstellen und jeden Juden vernichten, der nicht vor dem Bild niederfällt. So wird er Antiochus Epiphanes nachahmen.

In dieser Zeit der Trübsal werden sich die Juden jedoch an einen sicheren von Gott vorbereiteten Ort zurückziehen. Diese Zuflucht wird die Stadt Petra in Jordanien sein, das vormals das Land der Moabiter und Ammoniter war. Zu diesem Zeitpunkt wird Gott die Juden segnen, indem er ein Wunder für sie wirkt, so daß sie in aller Ruhe fliehen können.

Aus diesem Grunde legen einige britische und amerikanische Christen in Petra ein großes Lager an, gefüllt mit Lebensmittelkonserven und hebräischen Bibeln, so daß die Israeliten während der zweiten dreieinhalb Jahre der Trübsal versorgt sind und die Bibel lesen können. Petra ist ein Zufluchtsort, den Gott für Sein Volk vorbereitet hat, eine natürliche Festung, uneinnehmbar für jeden Angriff des Feindes. Mehr noch, nach der Prophezeiung wird die Erde ihren Mund öffnen und die Feinde verschlingen, wenn die Armee des Antichristen zum Angriff übergeht.

Deshalb wird der Antichrist seine Aufmerksamkeit auf Afrika zu richten haben, besonders auf Ägypten. Wenn er dabei ist, Ägypten, Libyen und Äthiopien zu schlagen, so daß er sie erobern und vereinigen kann, wird er durch schlechte Nachrichten aus dem Norden und Osten erschreckt werden. Die alarmierenden Nachrichten werden darin bestehen, daß der Euphrat ausgetrocknet ist und eine riesige Armee aus Asien, unter der Führung Chinas, anrückt und in sein Land einfällt.

Während die Armee aus dem Osten südwestlich vorrückt, wird sie Atombomben einsetzen. Sie wird im Tal Jehosaphat auf die Armee des Antichristen treffen. Das wird die Schlacht von Harmagedon sein, die wir schon vorher erwähnt haben. Es wird sich um eine in der menschlichen Geschichte bisher noch nie dagewesene Auseinandersetzung handeln.

> Und er wird seine prächtigen Zelte aufschlagen zwischen dem Meer (oder: den Meeren) und dem herrlichen, heiligen Berg; aber es wird mit ihm ein Ende nehmen, und niemand wird ihm helfen. (Vers 45)

Im gleichen Moment, in dem der Antichrist Israel zerstört, in den schrecklichen Krieg mit der Armee aus dem Osten verwickelt ist und sein Hauptquartier zwischen dem Mittelmeer und dem Toten Meer („den Meeren") auf dem Berg Zion („dem herrlichen, heiligen Berg") aufgeschlagen hat, wird sein Ende kommen. Der Himmel wird plötzlich geöffnet werden, und Jesus wird auf einem weißen Pferd reitend herniederkommen. Eine unübersehbare Anzahl erlöster Menschen in weißen Leinenkleidern werden Ihm folgen. Durch das scharfe Schwert, das von Seinem Mund ausgeht, wird der Herr Jesus jede Person sofort töten, die das Zeichen des Tieres an sich trägt. Nach der Überwindung des Antichristen wird das Zeitalter von Jesus Christus und Seinen Heiligen beginnen.

12

Israel und das Ende aller Geschichte

Die große Trübsal
(12:1)

> Zu jener Zeit wird Michael, der große Engelfürst, der
> für dein Volk eintritt, sich aufmachen. Denn es wird
> eine Zeit so großer Trübsal sein, wie sie nie gewesen
> ist, seitdem es Menschen gibt, bis zu jener Zeit. Aber
> zu jener Zeit wird dein Volk errettet werden, alle, die
> im Buch geschrieben stehen.

Wir haben schon betrachtet, wie sich die siebenjährige
Trübsalszeit in zwei Teile aufgliedert, von denen jeder
dreieinhalb Jahre andauert. Wenn die zweite Hälfte der
Trübsalszeit über die Juden kommt, wird der Erzengel
Michael erscheinen und die Juden in die Festung Petra
in Jordanien führen. Der Antichrist wird sie verfolgen
und jede Waffe und alle Ausrüstung, die ihm zur Verfügung steht, dafür in Bewegung setzen.

Wenn die Juden in dieser Situation ihren Ausweg in
der Flucht suchen müßten, würde es nicht lange dauern,

bis sie alle eingeholt und zu Tode gebracht wären. Aber Gott wird ihnen Seine besondere Gunst erweisen und ihnen den Weg zur Flucht und zum Entkommen bereiten. Johannes sagt in der Offenbarung:

„Und als der Drache sah, daß er auf die Erde geworfen war, verfolgte er die Frau, die den Knaben geboren hatte. Und es wurden der Frau gegeben die zwei Flügel des großen Adlers, daß sie in die Wüste flöge an ihren Ort, wo sie ernährt werden sollte eine Zeit und zwei Zeiten und eine halbe Zeit fern von dem Angesicht der Schlange" (Offenbarung 12:13-14).

Das Wort „Frau" ist die Bezeichnung für die Juden. Diese Prophezeiung macht deutlich, daß sie in die Lage versetzt werden, schnell nach Petra zu fliehen. Auf dieser Flucht werden sie nicht allein sein, sondern Michael, der Engelfürst, wird sie beschützen. Wer nach Petra entkommt, wird zu den Auserwählten unter den Juden zählen und zu denen gehören, die Jesus Christus lieben.

Die Auferstehung
(12:2-3)

> Und viele, die unter der Erde schlafen liegen, werden aufwachen, die einen zum ewigen Leben, die andern zu ewiger Schmach und Schande. Und die da lehren (oder: die Verständigen), werden leuchten wie des Himmels Glanz, und die viele zur Gerechtigkeit weisen, wie die Sterne immer und ewiglich.

Wenn Christus nach dem Abschluß des zweiten dreieinhalb Jahre dauernden Abschnitts auf diese Erde herniederkommt, beginnt die große Auferstehung. Wer in den

194

sieben Jahren der Trübsal, besonders von den Juden, enthauptet und zu Tode gebracht wurde, wird aufersteh-hen, um ewiges Leben zu empfangen. Doch denken Sie daran, daß vor dem Beginn der großen Trübsal diejenigen, die in der Erde ruhen, zuerst mit der Stimme des Erzengels und durch den Schall der Posaune Gottes aufer-standen, und daß danach diejenigen, die noch leben, zusammen mit ihnen in die Luft entrückt sein werden, um am Hochzeitsmahl unseres Herrn Jesus Christus teilzunehmen.

So sind also diejenigen, die zu diesem Zeitpunkt, am Ende der großen Trübsal auferstehen, die Märtyrer, die durch den Antichristen während der großen Trübsal ge-tötet worden sind.

Inzwischen werden alle Sünder, die Christus abge-lehnt und sich Ihm widersetzt haben, durch das Schwert, das von Seinem Munde ausgeht, getötet wer-den und für tausend Jahre in der Hölle verschlossen sein. Dann werden die Toten, Große und Kleine, aufer-weckt werden, um zur Prüfung vor dem großen weißen Thron zu stehen. Sobald festgestellt ist, daß ihre Namen nicht im Buch des Lebens verzeichnet sind, werden sie in den See von Feuer und Schwefel geworfen.

Dann „werden die Verständigen leuchten wie des Himmels Glanz, und die viele zur Gerechtigkeit weisen, wie die Sterne immer und ewiglich" (12:3). Die Aus-sage „die Verständigen" bezieht sich auf die Menschen, die klugerweise die Lust des Fleisches, die Lust der Au-gen und den Hochmut dieser Welt (vgl. 1. Johannes 2:16) abgelegt haben; es sind die Menschen, die mit an-haltendem Wachen und Beten auf die Wiederkunft des Herrn warten.

Wer sind dann diejenigen, „die viele zur Gerechtigkeit weisen"? Es sind die heutigen Pastoren, Missionare, Leiter, Ältesten, Diakone, Mitarbeiter und ganz gewöhnliche Christen, die an der Verbreitung des Evangeliums von Jesus Christus für die vielen beteiligt sind. Es sind die Christen, die ihre Zeit und Energie darauf verwenden, um die Gläubigen zu ermutigen, einen stärkeren Glauben zu entwickeln, während sie die Sünder, die nichts von der Wahrheit wissen, im Weg des Lebens unterweisen, um sie zur Umkehr zu bringen. Diese Menschen werden in Ewigkeit leuchten, sie werden mit Christus leuchten.

Wenn unser Herr auf diese Erde kommt, wird er uns nach unseren Werken belohnen. Wie die Sonne einen andern Glanz hat und der Mond einen andern Glanz und die Sterne wiederum einen andern Glanz, und ein Stern sich vom andern durch seinen Glanz unterscheidet, so wird die Belohnung, die Gott jedem von uns zukommen lassen wird, sich in ihrer Herrlichkeit unterscheiden (vgl. 1. Korinther 15:40-42). Deshalb bete ich im Namen unseres Herrn Jesus Christus, daß Sie das Evangelium vielen Menschen verkündigen, um dann einen Siegespreis zu empfangen, der in Ewigkeit leuchtet.

Das Ende der Offenbarung
(12:4)

> Und du, Daniel, verbirg diese Worte, und versiegle dies Buch bis auf die letzte Zeit. Viele werden es dann durchforschen und große Erkenntnis finden.

Daniel empfing diese Offenbarung nicht um seinetwillen und auch nicht für seine eigene Generation, sondern für uns, die wir in der letzten Zeit leben. Es wurde ihm gesagt, diese Offenbarung für uns zu verbergen und zu versiegeln.

Das Buch Daniel war deshalb für die Menschen vor uns verschlossen, und es war für sie unmöglich, dieses Buch zu verstehen. Aber heute hat sich ein Großteil der Offenbarung in der Geschichte erfüllt, und das Buch Daniel ist ein geöffnetes Buch für uns. Die letzte Zeit ist die Zeit, in der die Menschen das Buch durchforschen und große Erkenntnis finden. So ist die gegenwärtige Zeit, in der wir durch die Öffnung der Siegel und durch die Zunahme an Erkenntnis in den Besitz zur vollen Erkenntnis der Bibel gelangen, genau die Zeit, da wir uns an der Schwelle zur Endzeit befinden.

X wir sind schon darin.

Der letzte Zeitabschnitt und die abschließende Auslegung (12:5-13)

Und ich, Daniel, sah, und siehe, es standen zwei andere da, einer an diesem Ufer des Stroms, der andere an jenem Ufer. Und er sprach zu dem Mann in leinenen Kleidern, der über den Wassern des Stroms stand: Wann sollen denn diese großen Wunder geschehen? Und ich hörte den Mann in leinenen Kleidern, der über den Wassern des Stroms stand. Er hob seine rechte und linke Hand auf gen Himmel und schwor bei dem, der ewiglich lebt, daß es eine Zeit und zwei Zeiten und eine halbe Zeit währen soll; und wenn die Zerstreuung des heiligen Volks ein Ende hat, soll dies alles geschehen. Und ich hörte es, aber ich verstand's nicht und sprach: Mein Herr, was wird das Letzte davon sein? Er aber sprach: Geh hin, Daniel; denn es ist verborgen und versiegelt bis auf die letzte Zeit. Viele werden gereinigt, geläutert und geprüft werden, aber die Gottlosen werden gottlos handeln; alle Gottlosen werden's nicht verstehen, aber die Verständigen werden's verstehen. (Verse 5-10)

In seiner letzten Vision vernahm Daniel eine Unterredung über die Endzeit. Ein Mann fragt einen andern Mann: „Wann sollen denn diese großen Wunder geschehen?" (Vers 6).

Die Antwort bestand aus den Worten, die wir schon zuvor gelesen haben: „Es soll eine Zeit und zwei Zeiten und eine halbe Zeit währen" (Vers 7). Sie bezieht sich auf den zweiten Abschnitt der dreieinhalb Jahre der Trübsalszeit, in denen der Antichrist und sein Heer „die Zerstreuung des heiligen Volks beenden" (Vers 7), womit die Juden gemeint sind.

Doch Daniel konnte diese Worte nicht verstehen, deshalb fragt er, was das Letzte davon sein würde. Aber die einzige Antwort, die er erhielt, bestand darin, daß er hingehen sollte, weil die Worte verborgen und versiegelt waren bis auf die letzte Zeit.

Aber das trifft nicht auf Sie zu. Glücklich sind Sie zu nennen, der oder die Sie in diesem letzten Abschnitt des Gnadenzeitalters leben, weil die Worte Daniels für Sie geöffnet sind.

Im Jahre 1948 wurden Sie vielleicht Zeuge von der Wiedergeburt Israels als eine Nation, nach zweitausend Jahren in der Zerstreuung.

Täglich lesen Sie in Ihrer Morgenzeitung vom fortschreitenden Einigungsprozeß Europas.

Sie haben erfolgreich die Auslegung der Geheimnisse bei Daniel verfolgt und sind sich bewußt, daß nach

der Vereinigung Europas von dort ein Führer herauf-
kommen wird, der der Antichrist ist, wie er durch Antiochus Epiphanes vorgeschattet wurde. Und Sie wissen, daß die große Trübsal, die letzte Woche bei Daniel,
beginnen wird, sobald er einen siebenjährigen Freundschaftsvertrag mit Israel abgeschlossen hat.

Sie sind auch glücklich zu nennen, weil Sie wissen,
daß das Volk Gottes, Menschen, die an Jesus Christus
glauben, zu dieser Zeit in den Himmel entrückt sein
wird. Sie wissen, daß sieben Jahre später das Heiligtum
Israels zerstört und die Kraft des heiligen Volkes zerbrochen werden wird. Das Volk Gottes, das in den Himmel
entrückt worden ist, wird mit Jesus Christus zur
Schlacht von Harmagedon herniederkommen, der den
Antichristen und den falschen Propheten gefangennehmen wird. Wenn Sie sich auch in der Zeit der Trübsal
nicht auf der Erde befinden werden, so werden Sie doch
genau wissen, was in diesem Zeitabschnitt geschehen
wird.

Gesegnet sind Sie, der oder die Sie sich unter den
Verständigen dieser letzten Zeit befinden. Sie verstehen
das Wort unseres Herrn, und Sie sind rein, denn Sie
sind gewaschen im kostbaren Blut von Jesus Christus.
Die törichten Menschen werden nicht fähig sein, dieses
Geheimnis, das Sie kennen, zu verstehen, selbst wenn
es ihnen in ihre Hände gegeben und sie darüber unter-
richtet würden.

Das Verständnis der verschiedenen Anzahl der Tage

> Und von der Zeit an, da das tägliche Opfer abgeschafft und das Greuelbild der Verwüstung aufgestellt wird, sind tausendzweihundertneunzig Tage. (Vers 11)

Dieser Vers bestätigt erneut, was am Ende der Welt durch die Aktivitäten des Antichristen geschehen wird. Doch beachten Sie hier, daß es in diesem Vers heißt: „Und von der Zeit an, da das tägliche Opfer abgeschafft und das Greuelbild der Verwüstung aufgestellt wird, sind 1290 Tage." Der Zeitabschnitt von dreieinhalb Jahren, den wir erwähnt haben, zählt 1260 Tage. Warum sind hier 30 Tage hinzugezählt worden?

Hier ist die Antwort nach meinem Verständnis: Jesus wird tatsächlich 1260 Tage nachdem das Greuelbild aufgestellt worden ist, herniederkommen, und diese 1260 Tage sind genau dreieinhalb Jahre. Doch bevor Jesus kommt, werden viele Menschen in der Schlacht von Harmagedon getötet worden sein. Darüber hinaus wird Jesus, wenn Er herniederkommt, alle Seine Feinde, die sich dort versammelt haben, mit dem Schwert, das von Seinem Munde ausgeht, vernichten. Die Zahl der Menschen, die getötet worden sind, wird grob geschätzt bis zu dreihundert Millionen betragen. Mit ihren Körpern werden sich die zurückgelassenen Waffen und ihre Ausrüstung auf dem Schlachtfeld befinden, die sich zu einem riesigen Berg auftürmen werden.

Wenn unser Herr wiederkommt und den Antichristen und den falschen Propheten in den Feuersee wirft, wird das Schlachtfeld von den Toten und ihrer Ausrüstung gereinigt werden müssen. Es wird dreißig Tage dauern, damit alles das geschehen kann.

> Wohl dem, der da wartet und erreicht tausenddreihundertfünfunddreißig Tage! Du aber, Daniel, geh hin, bis das Ende kommt, und ruhe, bis du auferstehst zu deinem Erbteil am Ende der Tage! (Verse 12-13)

In Vers 12 werden 45 Tage hinzugezählt, so daß es insgesamt 1335 Tage sind. Die 45 Tage sind die Zeit, die Gott benötigt, um die Schafe von den Böcken (vgl. Matthäus 25:31-46) zu trennen. So wird Jesus nach Seiner Wiederkunft 30 Tage lang auf dieser Welt, die zerstört worden ist, Ordnung schaffen. Dann wird Er sie in weiteren 45 Tagen richten. Danach wird auf dieser Erde das Tausendjährige Reich beginnen. Es wird 1335 Tage dauern, um all dieses zu vollenden.

Sind Sie bereit?

Dennoch werden wir nicht bis dahin warten müssen. Zu jener Zeit werden wir in den Himmel entrückt worden und mit Jesus herniedergekommen sein, wenn Er auf diese Erde kommt, um Ordnung zu schaffen und Gericht zu halten. Danach werden wir mit Ihm für tausend Jahre herrschen. Wenn die Zeit des Tausendjährigen Reichs sich vollständig erfüllt hat, wird auf uns der neue Himmel und die neue Erde warten, die ewig sind.

Gestatten Sie mir die Freiheit, Ihnen, die Sie dieses Buch zu Ende gelesen haben, einige Fragen zu stellen:

Haben Sie genug Öl des Heiligen Geistes in Ihrem Leben, um das Kommen des Bräutigams zu erwarten?

Sind alle Mitglieder Ihrer Familie gerettet?

Haben Sie Ihre Nachbarn auf den Weg des Heils geführt?

Wir sind gerade jetzt dabei, die Schwelle der Endzeit zu überschreiten. Der Herr schafft Neues, und wir müssen bereit sein.

Robert E. Coleman

Lernet von mir
Die Gedanken des Meisters

Bestell-Nr. 9002
Reihe: Geistlich theologische Texte
Seiten: 204
Format: 13,5 x 20,5 cm, Pb
Preis: 19,80 DM
ISBN 3-927772-11-9

,, ,Die Menschen nehmen sich vor, geistlich zu sein und werden doch asketisch; oder aber, sie bemühen sich, gesellschaftlichen Bequemlichkeiten und Vergnügungen liberal gegenüberzustehen und verlieren sich darüber in der Welt und werden zu deren Sklaven; oder aber sie behüten sich mit großer Sorgfalt vor jeder Sünde und werden gesetzlich und verlieren ihre Freiheit; oder aber, die angenehme und himmlische Freiheit nimmt sie in ihren Bann, und sie neigen zu Nachlässigkeit und zum verantwortungslosen Leben; so werden die Ernsthaften gewaltsam, die Inbrünstigen fanatisch und strafend, die Sanftmütigen schwankend, die Standhaften verkehren sich in Eiferer, die Liberalen werden lässig und die Wohltätigen prahlerisch.'

Ein vollkommenes Gleichgewicht wird, wie ich vermute, durch unsere verkehrte Natur und Erbe wohl niemals erreicht werden. Doch während wir immer wieder Korrekturen in unserem Leben vornehmen müssen, ist es tröstlich, zu wissen, daß unser Meister keine Verbesserung nötig hat und daß keine Extravaganz korrigiert werden muß. ,Die Ausgeglichenheit Seines Charakters wird niemals unterbrochen oder verändert, und die erstaunliche Voraussetzung, auf der sie basiert, wird nie erschüttert, auch nicht durch den Verdacht, daß Er vielleicht darin schwanken könnte.'

Man kann sagen, daß die mit dem Schreiben dieses Buches verbundene Disziplin eine tiefgreifende Erfahrung war. Niemand kann längere Zeit in das Gesicht Immanuels schauen, ohne verändert zu werden. Ich bin weit davon entfernt zu sagen, daß ich in meiner Berufung vollendet worden bin, im Gegenteil, als ich Seine Herrlichkeit schaute, erkannte ich, wie weit ich noch von dem Ideal entfernt bin. Unzählige Male mußte ich mich von meinem Schreibtisch abwenden, mich niederknien, meine Fehler bekennen und mich neu dem Herrn weihen.' ''

R. E. Coleman

——— **ONE WAY VERLAG WUPPERTAL** ———